Alfred Krieger, Heike Winter, Ulrich A. Müller,
Matthias Ochs, Wiebke Broicher (Hg.)
Geht die Psychotherapie ins Netz?

Therapie & Beratung

Alfred Krieger, Heike Winter, Ulrich A. Müller,
Matthias Ochs, Wiebke Broicher (Hg.)

Geht die Psychotherapie ins Netz?

Möglichkeiten und Probleme von Therapie und Beratung im Internet

Mit Beiträgen von Thomas Berger, Barbara Evangelou,
Jürgen Hardt, Eduard Hild, Björn Meyer, Steffen Moritz,
Ulrich A. Müller und Johann Rautschka-Rücker

Psychosozial-Verlag

Bibliografische Information der Deutschen Nationalbibliothek
Die Deutsche Nationalbibliothek verzeichnet diese Publikation
in der Deutschen Nationalbibliografie; detaillierte bibliografische Daten
sind im Internet über http://dnb.d-nb.de abrufbar.

Originalausgabe
© 2015 Psychosozial-Verlag
Walltorstr. 10, D-35390 Gießen
Fon: 06 41 - 96 99 78 - 18; Fax: 06 41 - 96 99 78 - 19
E-Mail: info@psychosozial-verlag.de
www.psychosozial-verlag.de

Alle Rechte vorbehalten. Kein Teil des Werkes darf in irgendeiner Form
(durch Fotografie, Mikrofilm oder andere Verfahren) ohne schriftliche Genehmigung
des Verlages reproduziert oder unter Verwendung elektronischer Systeme verarbeitet,
vervielfältigt oder verbreitet werden.
Umschlagabbildung: ©jd-photodesign – Fotolia.com
Umschlaggestaltung: Hanspeter Ludwig, Wetzlar
www.imaginary-world.de
Satz: metiTEC-Software, me-ti GmbH, Berlin
Druck: CPI books GmbH, Leck
Printed in Germany

ISBN 978-3-8379-2489-3

Inhalt

Vorwort 7

**Internetbasierte Interventionen bei Angststörungen
und Depression** 11
Ein Überblick
Thomas Berger

**Internetbasierte Unterstützung der
Depressionsbehandlung** 33
Das Online-Programm Deprexis
Björn Meyer, Thomas Berger & Steffen Moritz

Vom Erleben und Arbeiten zwischen den Zeilen 51
Professionelle Beratungsbeziehungen im Kontext der
bke-Onlineberatung
Barbara Evangelou & Eduard Hild

Im Bann der Technik 69
Zur Frage nach dem Medium in der Psychotherapie
Ulrich A. Müller

Psychotherapie unter Herrschaft des Man II 89
Beziehungen im Internet
Jürgen Hardt

Internetpsychotherapie 125
Rechtslage, Einordnung, Regelungsbedarfe
Johann Rautschka-Rücker

Autorinnen und Autoren 133

Herausgeberinnen und Herausgeber 135

Vorwort

Die Doppelbedeutung des Titels »Geht die Psychotherapie ins Netz?« ist beabsichtigt: Die erste Bedeutung ist noch freundlich-neutral: Ob das Internet ein geeignetes Medium für die Psychotherapie sein kann, vielleicht sogar sein sollte. Die zweite Bedeutung dagegen hat eine Tendenz: Ob sich die Psychotherapie vom Netz einfangen lässt. In dieser zweiten Bedeutung schwingt Skepsis mit und leitmotivisch klingt die Warnung an, Psychotherapeuten mögen sich von den verführerischen Sirenenklängen einer allzu einseitig evidenzbasierten Forschung fernhalten und auch den Lockrufen primär ökonomisch ausgerichteter Krankenkassen widerstehen.

Zwischen diesen beiden Lesarten des Buchtitels bewegen sich die Beiträge dieses Bandes, der aus einer Veranstaltung der hessischen Psychotherapeutenkammer im November 2013 hervorgegangen ist. Zu Beginn gibt *Thomas Berger* einen Überblick zur empirischen Evidenz der Wirksamkeit internetbasierter Ansätze bei Angststörungen und Depressionen. Er zeigt, wie der Einsatz des Internets vor allem dann zu messbaren Erfolgen führt, wenn er von Therapeuten geleitet wird *(guided self help)*.

Im zweiten Beitrag von *Björn Meyer*, *Thomas Berger* und *Steffen Moritz* wird Deprexis vorgestellt. Deprexis ist ein von einer großen Krankenkasse für die gestufte Versorgung eingesetztes internetgestütztes Programm, das in den Anfängen seiner Entwicklung zu heftigem Streit zwischen dem Anbieter und der hessischen Psychotherapeutenkammer führte. Weil dieser Streit für den vorliegenden Tagungsband von konstituierender Bedeutung ist, soll er hier ausführlicher dargestellt werden.

In der *Frankfurter Allgemeinen Zeitung* vom 8. September 2009 wurde Deprexis als »Alternative zu einer langen Therapie mit vielen Gesprächen« angepriesen. Mit Verweis auf die Nationale Versorgungsleitlinie zur Depression und die Erfordernis einer fachgerechten Diagnostik und Behandlung schloss die Kammer Deprexis als Behandlungsalternative aus. Die Gegenargumentation der Deprexis-Entwickler, es gehe nur um leichte Depressionen, wurde als Schutzbehauptung gesehen, denn unabhängig vom Schweregrad der Erkrankung ist Krankheit eben Krankheit und dementsprechend eine Heilbehandlung indiziert.

Zur Erklärung muss gesagt werden, dass die Probanden für Deprexis damals über das Internet akquiriert wurden, sodass weder ein persönlicher Kontakt stattgefunden hatte, noch eine hinreichend belastbare Diagnostik vorausgegangen war. Die Teilnehmer an dem Forschungsprogramm, wie sich Deprexis damals bezeichnete, hatten anonym ihre psychische Verfassung zu Beginn selbst eingeschätzt. Diese Selbsteinschätzung bildete den Ausgangspunkt für die Bewertung der weiteren Entwicklung ihrer psychischen Verfassung. Es wurden also Effekte an Personen beforscht, deren Ausgangslage objektiv nicht belegbar war. Die hohe Abbrecherquote von 45 Prozent weckte zudem Skepsis. Mittlerweile wird Deprexis als »zertifiziertes Medizinprodukt« angeboten und als internetgestütztes Selbsthilfe- oder Präventionsprogramm und zur Überbrückung von Wartezeiten auf eine Heilbehandlung, aber nicht als Alternative zu dieser.

Fachlich und berufsrechtlich kompatibler sind internetgestützte Selbsthilfeprogramme im Rahmen von Beratungsangeboten. Denn hier findet per definitionem keine Heilbehandlung statt. Vor allem für Kinder und Jugendliche werden von Erziehungsberatungsstellen entsprechende Programme seit Jahren erfolgreich angewendet.

Im dritten Beitrag zeigen *Barbara Evangelou* und *Eduard Hild* mit anschaulichen Fallvignetten aus der Mailberatung, wie auch über das Medium Internet selbstreflexive Prozesse mit Ratsuchenden in Gang gebracht und gestaltet werden können.

Nach diesen drei Beiträgen, in denen Wirksamkeit und Chancen internetbasierter Ansätze zur Prävention, Behandlung bzw. Beratung aufgezeigt werden, kommen in den folgenden zwei Beiträgen die Kritiker zu Wort. Sie misstrauen den zu Anfang angesprochenen Sirenenklängen, die für manche »Internettherapie« zur modernen Variante der klassischen Face-to-Face-Behandlung werden lassen: der schnelle Zugang im Gegensatz zu monatelangen Wartezeiten auf einen Psychotherapieplatz, die Verfügbarkeit »rund um die Uhr«, die Ersparnis an Fahrt- und Behandlungszeit, kurz: die »Kundenfreundlichkeit« – und zudem die vergleichsweise geringen Kosten. »Internettherapie« helfe, die Versorgungsprobleme gerade in ländlichen Regionen zu lösen, vermeide Abhängigkeit von der Person des Psychotherapeuten und werde im Grunde genommen von Psychoanalytikern seit hundert Jahren erfolgreich praktiziert. Deren Setting, bei dem der Analytiker für den Patienten nicht sichtbar hinter der Couch sitzt, könne geradezu als Vorbild der Internetbehandlung gesehen werden.

Letztere gewagte Herleitung der »Internettherapie« aus psychoanalytischen Traditionen erscheint als argumentativer Kunstgriff und kann nicht überzeugen. Die Herstellung der äußerlichen Parallele geht an der Frage vorbei, ob innere Prozesse, die im Fokus der Psychotherapie stehen, im Medium Internet überhaupt erfasst und bearbeitet werden können.

Ulrich Müller hat sich mit der Frage befasst, welche gesellschaftlichen Bedingungen zur Entwicklung von E-Mental-Health-Produkten führen. Er erkennt Tendenzen, Behandlungen einem Gesundheitsmarkt verfügbar zu machen und greift in einem historischen Abriss auf ELIZA zurück, ein Programm, das in den 1960er Jahren entwickelt wurde und als Vorläufer heutiger »Internettherapie«-Programme gilt.

Im fünften Beitrag unterscheidet Jürgen Hardt zwischen der unter der Herrschaft des »Man« stehenden Beratung und der auf das Selbst gerichteten psychotherapeutischen Behandlung. Damit ist keine hierarchische Zuordnung gemeint, wohl aber eine Differenz beschrieben. Er begreift Psychotherapie als Kulturtechnik und fordert, dass sie sich mit dem Kulturprozess befassen muss, in dem sie ihre Aufgabe zu erfüllen hat. Im Hintergrund seines Beitrags scheint eine Reihe von Veranstaltungen zum Thema Internet auf, die in seiner Zeit als Gründungspräsident der hessischen Psychotherapeutenkammer durchgeführt wurden.

Den Auftakt dieser Reihe bildete eine Veranstaltung mit dem Titel »Verloren in virtuellen Welten« im September 2008. Thematisiert wurde die Suchtgefährdung, die von Online-Spielen wie »World of Warcraft«, »Counterstrike« sowie dem Realitätsverdoppler »Second Life« ausgeht. Der Titel dieser Veranstaltung, der an das Buch *Verloren unter 100 Freunden* von Sherry Turkle – mit dem Untertitel »Wie wir in der digitalen Welt seelisch verkümmern« – erinnert, verweist auf die Problematik der gescheiterten Beziehungssuche.

In der Folgeveranstaltung »Im Netz der ›Neuen Medien‹ – wie sich Identitäten, Beziehungen und psychotherapeutische Prozesse durch das Web 2.0 verändern« im November 2010 ging es um die Veränderung von Beziehungen durch das Internet. Eines der Forschungsergebnisse war, dass Online-Kommunikation nicht zur Reduktion klassischer Kommunikationsformen führt und diese auch nicht ersetzt, sondern sie vielmehr ergänzt: Wer viel im realen Leben kommuniziert, tut dies auch im Netz. Diese Reihe wurde mit einer Veranstaltung zum Thema »Geht die Psychotherapie ins Netz?« fortgesetzt.

Vorwort

Im sechsten und letzten Beitrag des Geschäftsführers und Justiziars der hessischen Psychotherapeutenkammer, *Johann Rautschka-Rücker*, wird ein zentraler Punkt in der berufsrechtlichen Beurteilung der »Internettherapie« angesprochen: Psychotherapeutinnen und Psychotherapeuten müssen Diagnostik, Indikationsstellung und Behandlung im persönlichen Kontakt erbringen. Diese Bestimmung ist keine Spezialität der hessischen Psychotherapeutenkammer. Entsprechendes findet sich auch in der Musterberufsordnung, in Berufsordnungen anderer Landeskammern und anderer Heilberufe.

Wie aktuell die Herausforderung durch das Internet ist, zeigte sich auf dem Hessischen Heilberufetag des Bündnisses Heilen und Helfen 2012 mit dem Motto »Patient im Internet – zu Risiken und Nebenwirkungen ...«. Gesundheitsforen, Portale für Arztbewertungen, Kostenvergleiche bei zahnärztlichen Leistungen sowie Versandapotheken sind bekannte Beispiele eines immer weiter wachsenden Marktes für Gesundheitsfragen und -produkte. Auch für Ärzte und Apotheker gilt: Der persönliche Kontakt ist unverzichtbarer Bestandteil heilberuflichen Handelns.

Ein weiteres Ergebnis des Heilberufetages war, dass es nicht Aufgabe der Kammern sein kann, das Internet zu durchforsten und schlechte Angebote anzuprangern oder – außer in begründeten Einzelfällen – berufsrechtlich gegen sie vorzugehen. Vielmehr sollten Kriterien für Qualität entwickelt werden. Dies ist für die Beurteilung von Arzt- und Psychotherapeuten-Bewertungsportalen im Internet bereits geschehen. Zusammen mit der Bundesärztekammer, der Kassenärztlichen Bundesvereinigung und dem Ärztlichen Zentrum für Qualität in der Medizin hat die Bundespsychotherapeutenkammer entsprechende Gütekriterien formuliert.

Die Verantwortung der Kammer besteht darin, nicht nur die Wirksamkeit einer Behandlungsmethode im Blick zu haben, sondern darüber zu wachen, dass die Sorgfaltspflichten eingehalten und ethische Grundhaltungen berücksichtigt werden. Unter ethischen Gesichtspunkten ist abzuwägen, ob man Patienten eine »Internettherapie« zumuten oder eben auch vorenthalten kann. Für die Vor- und Nachbereitung der Tagung bedanke ich mich bei den wissenschaftlichen Referenten der hessischen Psychotherapeutenkammer Herrn Prof. Dr. Matthias Ochs und Frau Dr. Wiebke Broicher.

Ich wünsche eine spannende und erkenntnisreiche Lektüre.

Alfred Krieger
Präsident der Hessischen Psychotherapeutenkammer

Internetbasierte Interventionen bei Angststörungen und Depression

Ein Überblick

Thomas Berger

1. Einleitung

Die Entwicklung internetbasierter Interventionen bei psychischen Störungen und Problemen ist stark forschungsgetrieben. Trotz der noch jungen Geschichte wurden in den letzten zehn Jahren mehr als 100 Wirksamkeitsstudien zu internetbasierten Ansätzen bei verschiedenen psychischen und verhaltensmedizinischen Problemen und Störungen veröffentlicht, wobei heute schon fast wöchentlich neue Studien publiziert werden. Dieser rasanten Entwicklung steht die Tatsache entgegen, dass internetbasierte Interventionen – trotz sehr vielversprechender Forschungsbefunde – in den meisten Ländern noch kaum in der Routineversorgung implementiert sind. Deswegen sind Patienten[1], die im deutschsprachigen Raum Zugang zu einer evidenzbasierten internetbasierten Intervention suchen, meist noch auf laufende Modellprojekte und Studien angewiesen.

Diese Kluft zwischen Forschung und Praxis kann einerseits darauf zurückgeführt werden, dass sich die Forschung in einer ersten Phase der Entwicklung vor allem auf die Legitimation internetbasierter Interventionen konzentrierte, das heißt auf die Frage, ob dieses neue Interventionsformat überhaupt wirksam ist. Berechtigterweise werden gezielte Versuche der nachhaltigen Implementierung erst seit kurzer Zeit und nachdem die Wirksamkeit für bestimmte Interventionen gezeigt wurde, unternommen. Andererseits wurden die meisten der bisher erforschten Ansätze als eigenständige Interventionen und nicht als integraler Bestandteil der psychotherapeutischen Versorgung konzipiert. Erst seit Kurzem werden in größe-

---

1 Mit allen im Text verwendeten Personenbezeichnungen sind stets beide Geschlechter gemeint.

rem Umfang Interventionen erforscht, die internetbasierte Ansätze für traditionell erbrachte Therapien nutzbar machen und beispielsweise aus einer Kombination von traditionellen und internetbasierten Ansätzen bestehen. Erst solche Modelle erlauben es Therapeuten, evidenzbasierte internetbasierte Bausteine in ihre tägliche Praxis zu integrieren. Es sind also nicht – wie manchmal geäußert – die Therapeuten, die internetbasierten Ansätzen kritisch gegenüberstehen und eine Implementierung verhindern: Nach unserer Erfahrung sind viele sehr an internetbasierten Ansätzen interessiert. Vielmehr hatten sie bisher noch kaum die Möglichkeit, evidenzbasierte internetbasierte Ansätze in ihre Praxis zu integrieren.

In diesem Beitrag werden internetbasierte Interventionen vor allem aus der Forschungsperspektive betrachtet – zum einen, weil es bei dem spärlichen Einsatz in der Praxis für eine Systematisierung zu früh wäre, zum anderen, weil wir als Arbeitsgruppe primär bezüglich Forschung qualifiziert sind. Es stellen sich somit folgende Fragen: Welche Formen internetbasierter Interventionen wurden entwickelt und erforscht? Was sind ihre Vor- und Nachteile? Wie funktionieren die besterforschten Interventionen konkret? Was sagt die empirische Evidenz? Was ist mit der Therapiebeziehung? Für wen sind internetbasierte Interventionen geeignet (und für wen nicht)? Wo steht die Forschung zu internetbasierten Ansätzen heute und wie können entsprechende Interventionen in die Routinepraxis implementiert werden?

2. Formen internetbasierter Interventionen

Ein Problem der bestehenden Literatur zu internetbasierten psychologischen Interventionen ist, dass teils unterschiedliche Begriffe für ähnliche Verfahren verwendet werden und umgekehrt teils dieselben Bezeichnungen für unterschiedliche Modelle im Gebrauch sind (Barak et al., 2009). Diese unklare Fachsprache sorgt dafür, dass manche Argumente und Studienergebnisse auf den gesamten Bereich internetbasierter Interventionen verallgemeinert werden, obwohl sie eigentlich nur für bestimmte Formen gelten (Klein & Berger, 2013). Im Folgenden werden deshalb zunächst Formen internetbasierter Interventionen nach verschiedenen Kriterien unterschieden.

2.1. Ausmaß des therapeutischen Kontaktes

Eine erste Unterscheidung betrifft die Frage, ob das Internet zu Kommunikationszwecken oder zur Informationsvermittlung verwendet wird. Das Spektrum internetbasierter Interventionen bewegt sich zwischen Kommunikationsanwendungen wie *E-Mail, Chat* oder *videokonferenzbasierter* Beratung und Therapie und *webbasierten Selbsthilfeprogrammen*, die das Internet nur als Informationsmedium nutzen (Berger & Andersson, 2009). Damit ist ein unterschiedliches Ausmaß des Kontaktes zwischen Hilfesuchenden und Professionellen verbunden: Während Kliniker bei Selbsthilfeprogrammen höchstens in einer Verschreibungs- und diagnostischen Phase involviert sind, ist das Ausmaß des Kontaktes und der zeitliche Aufwand der Therapeuten bei E-Mail-, Chat- oder Video-Therapien etwa gleich groß wie in Face-to-Face-Therapien. Eine Zwischenstellung nehmen sogenannte *therapeutenunterstützte* oder *therapeutengeleitete Selbsthilfeansätze* ein: Diese verbinden die Möglichkeiten des Internets als Kommunikations- und Informationsmedium und haben sich in den letzten Jahren besonders etabliert. Bei diesem Ansatz werden Patienten während der Arbeit mit einem Selbsthilfeprogramm durch kurze wöchentliche Kontakte mit einem Therapeuten – meist via E-Mail – unterstützt. Da bei Ansätzen der geleiteten Selbsthilfe ein Teil der Intervention an ein Selbsthilfeprogramm delegiert wird, ist das Ausmaß des therapeutischen Kontaktes im Vergleich zu Face-to-Face-Therapien reduziert.

2.2. Formen des therapeutischen Kontaktes

In internetbasierten Interventionen, die einen Kontakt zwischen Professionellen und Hilfesuchenden beinhalten, kann die Kommunikation online oder face to face erfolgen. Viele der erforschten internetbasierten Interventionen wurden bisher vollständig online bzw. auf Distanz realisiert und beinhalten meist textbasierte Kommunikationsformen (z. B. E-Mail- oder Chat-Kommunikation). Wie in der Einleitung erwähnt, wurden erst in jüngerer Zeit sogenannte *blended treatments* (wörtlich »Mischbehandlungen«) diskutiert und entwickelt, die internetbasierte mit traditionellen Interventionen kombinieren: Dieser Begriff meint alle möglichen Kombinationen von traditionellen und internetbasierten Ansätzen und Kommunikationsformen, zum Beispiel die Verwendung webbasierter Selbsthilfeprogramme innerhalb von traditionellen Psychotherapien oder die Kombination von E-Mail- und Face-to-Face-Therapie (Berger, 2014).

2.3. Therapeutische Ansätze

Mit Bezeichnungen wie *Online-* oder *internetbasierter Beratung* und *Therapie* ist nicht festgelegt, welche therapeutischen Ansätze oder Methoden umgesetzt werden. Der Begriff sagt nur, dass das Internet als *Medium* fungiert; es dient also als *Träger* für alle denkbaren therapeutischen Inhalte, die so kommuniziert und vermittelt werden können. Internetbasierte Ansätze haben bisher auch kaum zur Entwicklung neuer psychotherapeutischer Modelle und Ansätze geführt. Vielmehr wurde sowohl bei Selbsthilfeansätzen wie auch bei den erforschten E-Mail- oder Chat-Interventionen meist auf bestehende *kognitiv-verhaltenstherapeutische Ansätze* (KVT) zurückgegriffen: Möglicherweise eignen sich diese besonders gut aufgrund der starken Strukturierung, Standardisierung, Direktivität sowie der vielen psychoedukativen Elemente und Hausaufgaben (Klein & Berger, 2013). Inzwischen gibt es aber auch Studien zu internetbasierten *psychodynamischen* geleiteten Selbsthilfeinterventionen (Andersson et al., 2012b), zu internetbasierten Selbsthilfeprogrammen, die auf der *Interpersonellen Psychotherapie (IPT)* basieren (Donker et al., 2013), zu Ansätzen, die auf dem *Cognitive Behavioral Analysis System of Psychotherapy* (CBASP; Brakemeier et al., 2013) aufbauen, und zu Programmen, die einen integrativen Ansatz verfolgen (Meyer et al., 2009; siehe den Beitrag von Meyer et al. in diesem Band).

Die meisten dieser Interventionen sind störungsspezifisch ausgerichtet; in jüngerer Zeit wurden aber auch störungsübergreifende Ansätze evaluiert: Beispiele sind internetbasierte transdiagnostische Ansätze bei Depressionen und Angststörungen (Ebert et al., 2013; Titov et al., 2010b) oder individuell maßgeschneiderte Selbsthilfeprogramme, in welchen die Inhalte aus einem Pool verschiedener Interventionsmodule individuell zusammengestellt und auf komorbide Störungen und Probleme der Patienten abgestimmt werden (Berger et al., 2014; Carlbring et al., 2011).

E-Mail- und Chat-Interventionen sind stärker aus der Therapiepraxis entstanden. Vom Ursprung her stehen sie damit im Gegensatz zu Selbsthilfeansätzen, die vor allem in universitären Settings entwickelt und unmittelbar erforscht wurden. Diese Praxisnähe (oder vielmehr die Forschungsferne) führt leider dazu, dass sie insgesamt wenig erforscht sind. Viele Therapeuten und Berater haben einfach mit der technischen und gesellschaftlichen Entwicklung Schritt gehalten und begonnen, mit ihren Klienten zumindest teilweise via E-Mail, Chat oder Skype zu kommunizieren. Viele dieser Berater und Therapeuten werden inhaltlich wohl weitgehend den Ansatz verfolgen, den sie auch in der Face-to-Face-Therapie anwenden.

2.4. Phasen der psychosozialen Versorgung

Zu erwähnen bleibt auch, dass internetbasierte Interventionen in unterschiedlichen Phasen der psychosozialen Versorgung eingesetzt werden können. Das

Internet eröffnet nicht nur der Therapie, sondern auch der Prävention, der Vorbereitung auf eine Therapie (z. B. für Patienten auf Wartelisten) und der Nachsorge und Rückfallprävention psychischer Erkrankungen neue Möglichkeiten. Gerade in Deutschland, wo stationäre Therapie eine im internationalen Vergleich verhältnismäßig wichtige Rolle spielt und eine ambulante Fortsetzung der stationären Therapien nicht immer gewährleistet ist, wurden insbesondere internetbasierte Nachsorgeinterventionen schon intensiv erforscht (z. B. Bauer et al., 2011; Ebert et al., 2013).

3. Besonderheiten und Vor- und Nachteile internetbasierter Interventionen

Internetbasierte Interventionen weisen Besonderheiten auf, die jeweils sowohl Vor- als auch Nachteile haben. Beispielsweise hat die Kommunikation auf Distanz den Vorteil, dass die Anreise entfällt und Patienten erreicht werden können, die vor Ort keinen Therapeuten finden, nicht mobil sind oder aufgrund von Hemmungen und Vermeidungsverhalten keine Psychotherapie aufsuchen können. Gleichzeitig hat die Distanz den Nachteil, dass die Vertraulichkeit der Daten durch die Übertragung gefährdet ist, die Identität der Anbieter und Klienten manchmal nicht gesichert und eine angemessene Reaktion in akuten Krisensituationen nur eingeschränkt möglich ist.

In seriösen internetbasierten Interventionen wird versucht, mit den genannten Nachteilen in geeigneter Weise umzugehen. So besteht beispielsweise weitgehend Konsens darüber, dass sich zumindest längerfristige internetbasierte Ansätze aufgrund der physischen Distanz und zeitverzögerten Kommunikation nicht eignen, um angemessen auf akute Krisensituationen zu reagieren. In seriösen Angeboten werden Patienten schon auf der Homepage der Anbieter über diese Einschränkung informiert und es wird auf Notfallnummern hingewiesen. Im Weiteren wird die Suizidalität vor Aufnahme der Behandlung mittels Fragebogen und im persönlichen Gespräch (telefonisch oder von Angesicht zu Angesicht) abgeklärt. Oft wird mit Patienten vor Beginn der Behandlung auch ein individueller Notfallplan erarbeitet, in dem definiert ist, an welche qualifizierten Fachpersonen sich die Patienten vor Ort wenden können, wenn sie während der Behandlung in eine akute Krise geraten (Berger & Caspar, 2011). Als Beitrag zum Datenschutz wird die Datenübertragung und -speicherung verschlüsselt und Patienten werden aufgefordert, in den Nachrichten keine Klarnamen und Adressen, sondern ausschließlich Pseudonyme zu verwenden. Besonders bei Erstkontakten, die heute noch meist unverschlüsselt stattfinden, weisen manche Anbieter die Teilnehmer auch an, eine eigens erstellte E-Mail-Adresse zu verwenden, die die Patienten nicht identifizierbar macht. Seriöse Angebote weisen aber auch immer darauf hin, dass die Datenübertragung im Internet trotz allem gewisse Risiken birgt, auch weil die Vertraulichkeit der Daten nicht nur vom Anbieter, sondern auch vom Patientenverhalten abhängt: So kann das Verwenden öffentlicher Computer oder die unsachgemäße Aufbewahrung von Passwörtern Dritten den Zugang zu Informationen ermöglichen.

Eine häufig nur als Nachteil genannte Besonderheit internetbasierter Ansätze ist, dass bei textbasierten Kommunikationsformen wichtige non- und paraverbale sowie soziale Signale wie zum Beispiel Stimmfarbe, Körpersprache und Augenkontakt fehlen. Dabei wird vergessen, dass die Kanalreduktion auf den Textkanal auch Vorteile haben kann: So betonen beispielsweise neuere Theorien der computervermittelten Kommunikation, dass Menschen ihr Kommunikationsverhalten an ein Medium anpassen und medienbedingte Informationslücken wie fehlende non- und paraverbale Informationen durch eine verstärkte Verbalisierung von Stimmungs- und Gefühlszuständen kompensieren (Döring, 2003). Es kann ein Vorteil von Online-Therapien sein, dass sich Patienten darin üben, Gefühle und Gedanken verbal auszudrücken und gleichzeitig eine gewisse emotionale Distanz zu den Problemen schaffen, indem sie eine Erzählperspektive einnehmen.

Falls internetbasierte Behandlungselemente in Zukunft vermehrt auch in traditionellen Psychotherapien genutzt werden, sollte man – wie es das oben genannte Beispiel zeigt – immer sowohl Vor- als auch Nachteile der Face-to-Face- und der Online-Kommunikation betrachten, denn es ist nicht davon auszugehen, dass eine der Kommunikationsformen für alle (therapeutischen) Aufgaben am besten und geeignetsten ist (Berger, 2014). So stand am Anfang der Entwicklung unserer eigenen internetbasierten Interventionen bei sozialen Angststörungen die Überlegung, dass sich das Online-Setting gut eignet, um psychoedukative Informationen zu vermitteln, mitunter da sich die Patienten »ungestörter« auf die Inhalte konzentrieren können als in einem Face-to-Face-Setting (Berger et al., 2009). Diese Idee gründet auf bestimmten Theorien der computervermittelten Kommunikation, die davon ausgehen, dass direkte Gesprächssituationen an einer Überkomplizierung *(overcomplication)* leiden könnten, während Psychoedukation geleistet wird (Reichwald et al., 1998): Das Kommunikationssetting wäre praktisch zu reichhaltig, als dass sich Patienten nur auf die vermittelten Inhalte konzentrieren könnten. Stattdessen müssten sie auch nonverbale Informationen verarbeiten und in der Beziehung regulieren. Auf der anderen Seite birgt die Verwendung sogenannter ärmerer Medien (z. B. E-Mail) die Gefahr einer »Übervereinfachung« *(oversimplification)*: In E-Mail-Therapien könnte dies zum Beispiel bei klärungsorientierten Vorgehensweisen der Fall sein, bei welchen das Ergebnis offen und unvorhersehbar ist und soziale Präsenz und prozessorientiertes, unmittelbares Feedback erforderlich sind. Insgesamt könnte also davon ausgegangen werden, dass bestimmte therapeutische Interventionen besser online und andere besser face to face realisiert werden sollten. Leider werden solche kommunikationstheoretisch begründeten Überlegungen zu internetbasierten Ansätzen bisher kaum verfolgt und erforscht.

4. Fallbeispiel: Internetbasierte geleitete Selbsthilfe bei verschiedenen Angststörungen

Wie erwähnt können internetbasierte Interventionen unterschiedlich ausgestaltet sein. Im Folgenden werden anhand eines Fallbeispiels die typischen Inhalte und Vorgehensweisen in einem therapeutengeleiteten Selbsthilfeansatz dargestellt. Dieser Ansatz ist bisher am besten erforscht und hat sich aufgrund vielversprechender Forschungsergebnisse international besonders etabliert (siehe 5.). Wenn über internetbasierte Interventionen und deren Wirksamkeit diskutiert wird, beziehen sich Aussagen entsprechend oft auf das im Folgenden beschriebene Vorgehen.

Beim Fallbeispiel handelt es sich um die 40-jährige Frau K., die durch einen Zeitungsbericht über internetbasierte Therapieansätze auf eine Studie der Universität Bern aufmerksam geworden ist, in welcher ein geleitetes Selbsthilfeprogramm für verschiedene Angststörungen untersucht wird (Berger et al., 2014). Nachdem Frau K. der Studienleitung die unterschriebene Einverständniserklärung zur Teilnahme an der Studie mit Angabe von Name, Wohn- und E-Mail-Adresse postalisch zugesandt hat, wird sie per E-Mail gebeten, online verschiedene Fragebogen zu Ängsten, Depressionen, Wohlbefinden und anderen Aspekten zu beantworten. Aus den Antworten wird unter anderem ersichtlich, dass Frau K. alleine lebt, keine Kinder hat, noch nie in einer Psychotherapie war, nicht suizidal ist und Cut-Off-Werte auf verschiedenen störungsspezifischen Fragebogen zur sozialen Angststörung überschreitet. In einem anschließenden telefonisch durchgeführten diagnostischen Interview bestätigt sich die Diagnose der sozialen Angststörung. Im Telefongespräch erzählt Frau K., dass sie Lehrerin ist und in einem kleinen Dorf in den Schweizer Bergen lebt, in welchem keine psychotherapeutischen Angebote verfügbar sind. Sie habe sich für das internetbasierte Angebot entschieden, weil sie nicht immer in die nächste Stadt zu einem Therapeuten fahren wolle und auch Angst davor habe, dass jemand im

Dorf erfahren könnte, dass sie – die Dorflehrerin – in Psychotherapie sei. Die Studienmitarbeiterin erarbeitet mit der Teilnehmerin auch einen Notfallplan, in welchem aufgeführt ist, an wen sie sich vor Ort wenden kann, wenn sie trotz aktuell nicht vorhandener Suizidalität während der Intervention in eine Krise gerät. Frau K. nennt ihren Hausarzt, zu dem sie ein vertrauensvolles Verhältnis hat.

Frau K. erhält Zugang zur ersten Sitzung des internetbasierten, passwortgeschützten Programms und es wird ihr erklärt, dass ein Psychologe[2] sie während der Arbeit mit dem Selbsthilfeprogramm per E-Mail unterstützt, einmal die Woche ein Feedback schreibt und bei Fragen zur Verfügung steht. In einem Therapeuten-Cockpit, das heißt einer geschützten Internetplattform, auf welcher Therapeuten das Verhalten der Teilnehmer im Selbsthilfeprogramm nachvollziehen können, beobachtet der Psychologe, dass Frau K. in der ersten Woche wie vorgesehen die erste Selbsthilfesitzung durcharbeitet, welche viele psychoedukative Elemente und ein Online-Angsttagebuch beinhaltet. In seinem ersten wöchentlichen Feedback schreibt er im integrierten und verschlüsselten E-Mail-System:

> »Liebe Sue2014 [Nickname der Teilnehmerin im System],
> ich habe gesehen, dass Sie die erste Sitzung durchgearbeitet haben. Das freut mich! Auch Ihre Einträge in das Angstprotokoll sind gut nachvollziehbar. Sie beschreiben da eine Sitzung im Lehrergremium, bei welcher Sie sich in die Ecke gesetzt und nichts gesagt haben und Sie beschreiben Gedanken wie ›ich werde vor lauter Nervosität nichts sagen können‹. Das sind Verhaltensweisen und Gedanken, die ganz typisch für Menschen sind, die unter sozialen Ängsten leiden. Wir können also davon ausgehen, dass das Programm sehr gut für Sie passt. Im Verlauf des Programms wird darauf hingearbeitet, die von Ihnen notierten Verhaltensweisen und Gedanken zu verändern. Gerne können Sie nun mit der zweiten Sitzung beginnen.«

Frau K. schreibt unmittelbar zurück, dass sie die erste Sitzung mit Interesse gelesen habe und nun sehr motiviert sei, mit der zweiten Sitzung zu beginnen. In dieser wird Frau K. unter anderem gebeten, auf der Basis des kognitiv-verhaltenstherapeutischen Modells ein individuelles Erklärungsmodell der sozialen Ängste zu erarbeiten. In einem hierzu vorgesehenen Formular schreibt Frau K., dass sie schon in der Primarschulzeit ausgelacht worden sei, weil sie den Buchstaben R

---

2   In fast allen Studien zu internetbasierten geleiteten Selbsthilfeprogrammen wurden bisher PsychotherapeutInnen in Ausbildung oder sehr fortgeschrittene PsychologiestudentInnen als E-Mail-Supporter eingesetzt, die im Behandlungsansatz trainiert wurden, mit häufigen Fragen und möglichen Antworten vertraut waren und unter Supervision standen. Aus diesem Grund wird hier von Psychologen gesprochen.

nicht richtig aussprechen konnte. Später sei sie dann oft von ihren Lehrern bloßgestellt worden. Im Weiteren kenne sie das beschriebene Sicherheitsverhalten sehr gut kennen: Vor Elterngesprächen nehme sie jeweils eine Beruhigungstablette und übe ihre Aussagen vor dem Gespräch intensiv. Auch fokussiere sie die Aufmerksamkeit in solchen Situationen sehr stark auf sich selbst, um körperliche Symptome wie Erröten zu kontrollieren. Sie habe nun verstanden, dass dieses Verhalten ihre Ängste nur verstärke und aufrechterhalte.

Nach einem kurzen motivierenden Feedback des Psychologen beginnt Frau K. mit der dritten Sitzung. Hier wird sie angeleitet, die negativen Gedanken, die sie im Angstprotokoll notiert hat, zu hinterfragen und realistischere Gedanken zu finden.

Frau K. scheint dies gut zu gelingen. In einer Nachricht an den Psychologen schreibt sie allerdings, dass die realistischen Gedanken in der Situation jeweils wie ein Kartenhaus zusammenfallen und die negativen Gedanken wieder Überhand gewinnen. Der Psychologe normalisiert, schreibt, dass es schon sehr toll sei, nicht vermieden zu haben und dass es Zeit und Anstrengung brauche, die über Jahre geübten negativen Gedankenmuster zu verändern.

In der vierten Sitzung wird Frau K. angeleitet, verschiedene Aufmerksamkeitsübungen durchzuführen; dabei lernt sie, die Aufmerksamkeit von sich wegzulenken und auf die Übungsaufgabe zu fokussieren. In einer Nachricht an den Psychologen schreibt sie, dass ihr diese Übungen besonders viel gebracht habe, weil sie das Erlernte direkt anwenden konnte, indem sie sich in einer sozialen Smalltalk-Situation statt auf sich auf die anderen Personen und die Umgebung konzentriert habe. Die Übung habe ihren Horizont erweitert und sie habe sich den Ängsten nicht mehr so ausgeliefert gefühlt.

In der fünften Sitzung des Programms werden das Expositionsrationale und ein Tagebuch eingeführt, in welchem angstauslösende Situationen notiert werden, in die sich die Teilnehmer in naher Zukunft begeben wollen. In diesem Tagebuch werden neben dem Niveau der erwarteten Angst auch Sicherheitsverhaltensweisen notiert, die möglichst reduziert werden sollen. Frau K. notiert während der zehnwöchigen Intervention insgesamt 30 Situationen, von denen sie 24 aufsucht. In den meisten Fällen gibt sie anschließend im Protokoll an, dass die in der Situation beobachtete Angst deutlich geringer war als erwartet. Aus den Eintragungen wird ersichtlich, dass es ihr mit der Zeit immer leichter fällt, soziale Situationen aufzusuchen und Sicherheitsverhalten zu unterlassen. Nach zehn Wochen – und nachdem sie auch zu den Themen soziale Kompetenz und allgemeines Gesundheitsverhalten Informationen erhalten und Übungen durchgearbeitet hat – erfüllt Frau K. in einem abschließenden diagnostischen Interview die Kriterien der sozialen Angststörung nicht mehr. Die Werte auf den störungsspezifischen Fragebogen haben sich deutlich reduziert. Dem Psychologen schreibt Frau K. die folgende abschließende Nachricht:

> »Ich kann eigentlich nur schreiben, dass es mir gut geht. Die sozialphobische Symptomatik beschäftigt mich deutlich weniger und ich hoffe, dass es so bleibt. Ich fühle mich ausgeglichen, habe wahrscheinlich fast gleich motiviert wie meine neuen Erstklässler das Schuljahr begonnen und genieße auch meine Freizeit. Ich habe gerade nochmals alle Nachrichten durchgelesen und eigentlich haben Sie einfach ein riesiges Kompliment verdient! Sie und das Programm haben mich kompetent und zielgerichtet auf einem Stück Weg begleitet. Ich habe mich dabei aufgehoben, sicher und verstanden gefühlt. Hier konnte ich mich an Themen heranwagen, über die ich jahrelang geschwiegen habe. Vielen, vielen Dank.«

In einer Katamneseerhebung nach sechs Monaten zeigt sich in einer Fragebogenerhebung und in einem diagnostischen Interview, dass die positiven Veränderungen aufrechterhalten wurden.

5. Wirksamkeit internetbasierter Interventionen

Obwohl die Forschung zu internetbasierten Therapieangeboten noch verhältnismäßig jung ist, existieren schon sehr viele Wirksamkeitsstudien, deren Ergebnisse bereits in mehreren systematischen Übersichtsarbeiten und Metaanalysen zusammengefasst sind (z. B. Andrews et al., 2010; Andersson & Cuijpers, 2009; Hedman et al., 2012). Für die verschiedenen Formen internetbasierter Interventionen liegen dabei unterschiedlich viele Studien und auch unterschiedliche Ergebnisse vor.

Besonders intensiv erforscht sind geleitete Selbsthilfeprogramme bei verschiedenen Angststörungen. Am Beispiel der sozialen Angststörung soll dies verdeutlicht werden. Insgesamt wurden mindestens 21 meist kontrolliert randomisierte Studien mit insgesamt über 1.800 Patienten von mehreren unabhängigen Forschergruppen zu meist geleiteten Selbsthilfeprogrammen bei sozialen Angststörungen veröffentlicht (Boettcher et al., 2013b). Mit erstaunlich großer Homogenität über die verschiedenen Studien hinweg zeigen sich dabei a) mittlere bis große Effekte im Vergleich mit Wartelisten- oder Placebokontrollbedingungen, b) keine Unterschiede in direkten Vergleichen zwischen Face-to-Face- und internetbasierten Ansätzen und c) eine Aufrechterhaltung der Effekte in Katamnesestudien, die bis zu fünf Jahre nach der Intervention durchgeführt wurden (für einen Überblick siehe Boettcher et al., 2013b). Dieses Ergebnismuster mit vergleichbaren Effekten zeigt sich so auch in Studien zu Face-to-Face-Therapien bei sozialen Angststörungen und bei Studien zu internetbasierten, geleiteten Selbsthilfeansätzen bei anderen Angststörungen, insbesondere der Panikstörung mit oder ohne Agoraphobie, der posttraumatischen Belastungsstörung und der generalisierten Angststörung (Hedman et al., 2012). Therapeutenunterstützte Selbsthilfeansätze erfüllen demnach bei verschiedenen Angststörungen Kriterien evidenzbasierter Therapien, nämlich den Wirksamkeitsnachweis in mindestens zwei randomisierten kontrollierten Studien von unabhängigen Forschergruppen (Berger & Caspar, 2011).

Während bei Angststörungen mehrheitlich geleitete Selbsthilfeprogramme evaluiert wurden, sind zur Behandlung depressiver Verstimmungen und Depressionen auch viele ungeleitete Selbsthilfeprogramme untersucht worden. Dies kann wahrscheinlich die gemischten Ergebnisse erklären, die in Metaanalysen zu internetbasierten Ansätzen bei Depressionen gefunden wurden: Während in einigen Studien im Vergleich zu Wartelisten- und Placebokontrollgruppen große Effekte berichtet werden, finden andere mittlere oder gar keine Effekte (Andersson & Cuijpers, 2009). Im Schnitt führt dies in Metaanalysen zu moderaten Effektstärken, wobei sich therapeutenunterstützte Selbsthilfeprogramme als wirksamer erwiesen als ungeleitete Selbsthilfeprogramme, die keinen Kontakt zu Therapeuten enthalten (Spek et al., 2007). Unterschiede in der Wirksamkeit geleiteter und ungeleiteter Selbsthilfeprogramme sind dabei wesentlich auf höhere Abbrecherquoten in ungeleiteten Programmen zurückzuführen. Werden in Studien zu ungeleiteten Selbsthilfeprogrammen nur die Ergebnisse derjenigen Teilnehmer analysiert, die ein Programm bis zu Ende bearbeitet haben, werden in der Regel große Effekte gefunden (Meyer et al., 2009). Von ungeleiteten Programmen scheint also ein Teil der Teilnehmer deutlich profitieren zu können, während ein anderer Teil die Intervention frühzeitig abbricht. Der zusätzliche therapeutische Kontakt in geleiteten Selbsthilfeprogrammen könnte dabei bei bestimmten Störungen wie der Depression wichtiger sein als bei anderen. So wurden bei der sozialen Angststörung in direkten Vergleichen zwischen geleiteten und ungeleiteten Programmen bisher kaum Unterschiede hinsichtlich Wirkung und Abbrecherquote gefunden (z. B. Berger et al., 2011). Auch die großen Effekte, die in einer der wenigen Studien zur individualisierten E-Mail-Therapie (ohne Selbsthilfeteil) gefunden wurden, sprechen dafür, dass der therapeutische Kontakt bei Depressionen eine besonders wichtige Rolle spielt (Vernmark et al., 2010). Im Weiteren wurden in einer internetbasierten E-Mail-Therapie, die auch viele Selbsthilfe-Elemente enthält, in einem direkten kontrollierten Vergleich mit einer Face-to-Face-

Verhaltenstherapie bei Depressionen keine Unterschiede unmittelbar nach der Intervention und eine signifikante Überlegenheit der internetbasierten Therapie zum Katamnesezeitpunkt nach drei Monaten gefunden (Wagner et al., 2014).

Zusammenfassend lässt sich also sagen, dass Ansätze, die einen Kontakt zu Therapeuten beinhalten (geleitete Selbsthilfeprogramme, E-Mail- oder Chat-Therapien) ähnlich wirksam sind wie traditionelle Face-to-Face-Psychotherapien, wobei für geleitete Selbsthilfeprogramme deutlich mehr Studien vorliegen als für E-Mail- oder Chat-Therapien. Ungeleitete Selbsthilfeprogramme hingegen sind oft mit hohen Abbrecherquoten und geringeren Effekten verbunden.

Bei der Interpretation der sehr vielversprechenden Forschungsergebnisse für internetbasierte Ansätze müssen allerdings wichtige Einschränkungen berücksichtigt werden. Zu diesen gehört, dass die berichteten Studien mehrheitlich von universitären Einrichtungen im Rahmen kontrollierter Studien mit sogenannten selbstselegierten Patientenstichproben durchgeführt wurden. Viele der untersuchten Patienten wurden über Medienberichte oder Internetforen rekrutiert, was bedeutet, dass sich die Teilnehmer aktiv für eine Teilnahme an einer internetbasierten Intervention entschlossen haben und möglicherweise motivierter und für Internettherapien geeigneter sind als Patienten in der Routineversorgung.

In jüngerer Zeit stellt sich deshalb vermehrt die Frage, ob internetbasierte Ansätze nicht nur unter diesen speziellen und kontrollierten Bedingungen, sondern auch in der routinemäßigen Praxis funktionieren. Aus Ländern wie Schweden, Australien und den Niederlanden stammen erste Studien aus praxisüblichen Kontexten. In einer kürzlich erschienen Übersichtsarbeit wurden insgesamt zwölf sogenannte Effectiveness-Studien mit insgesamt 3.888 Patienten identifiziert (Andersson & Hedman, 2013). Diese naturalistischen Studien haben gemeinsam, dass Patienten in der Routinepraxis rekrutiert und von Therapeuten betreut wurden, die in der Routinepraxis tätig sind. Insgesamt zeigen sich bisher vergleichbar vielversprechende Ergebnisse bei Angststörungen und Depressionen wie in den stärker kontrollierten sogenannten Efficacy-Studien (ebd.). Es gibt also bereits verschiedene Hinweise, dass internetbasierte Therapieangebote auch in der Routineversorgung funktionieren können.

5.1. Welche Faktoren beeinflussen die Wirksamkeit internetbasierter Ansätze

Wie bereits dargestellt, haben sich internetbasierte Ansätze, die einen Kontakt zu einem Therapeuten beinhalten, bisher als wirksamer erwiesen als ungeleitete

Selbsthilfeprogramme – insbesondere weil reine Selbsthilfeansätze oft mit hohen Abbrecherquoten verbunden sind. Neben dem therapeutischen Kontakt existieren aber noch andere Variablen, die sowohl die Compliance wie auch die Wirkung internetbasierter Interventionen beeinflussen können.

5.1.1. Zugangsschwelle

Die Zugangsschwelle zu internetbasierten Angeboten kann hoch oder niedrig angesetzt werden. Einerseits gibt es Open-Access-Programme, die nach der Eingabe eines Benutzernamens und Passwortes unmittelbar genutzt werden können. Andererseits gibt es Angebote mit hoher Zugangsschwelle, die ein umfangreiches Fragebogenscreening und ein persönliches diagnostisches Abklärungsgespräch beinhalten (Berger & Andersson, 2009). Die Forschung zeigt, dass sich ein umfangreicher Abklärungsprozess inklusive persönlichem Kontakt bei allen internetbasierten Ansätzen positiv auf die Compliance und die Wirksamkeit auswirkt (Johansson & Andersson, 2012). Open-Access-Programme, mit denen viele Menschen kostengünstig erreicht werden können, sind deshalb eher im Bereich Prävention und Public Health zu empfehlen.

5.1.2. Therapiebeziehung

Eine andere häufig diskutierte und erforschte Variable ist die Therapiebeziehung. Kann in internetbasierten Ansätzen, die einen Kontakt zu Therapeuten beinhalten, eine gute und tragfähige Therapiebeziehung aufgebaut werden und steht diese im Zusammenhang mit dem Behandlungsergebnis? Die Forschung zeigt zunächst, dass auch in internetbasierten Ansätzen eine gute therapeutische Beziehung aufgebaut werden kann. In verschiedenen Studien wurde festgestellt, dass die therapeutische Allianz sowohl von Patienten als auch von Therapeuten auf entsprechenden Fragebogen im Schnitt vergleichbar positiv bewertet wird wie in Face-to-Face-Therapien (für einen Überblick siehe Klasen et al., 2013). Als Fragebogen wird dabei meist das Working Alliance Inventory (Horvath & Greenberg, 1989) eingesetzt, welches auf der weitverbreiteten schulübergreifenden Konzeption der Therapiebeziehung nach Bordin (1979) basiert. Nach Bordin beinhaltet die Therapiebeziehung drei wesentliche Komponenten: erstens den Aufbau einer emotionalen Bindung *(bond)*, zweitens die Übereinstimmung zwischen Patient und Therapeut in den Behandlungszielen *(goal)* und drittens die Übereinstimmung darin, wie diese Ziele zu erreichen sind *(task)*. Aus unserer Sicht ist es wenig erstaunlich, dass Patienten in Online-Interventionen die Ziel- und auch die Aufgabenübereinstimmung im Schnitt sehr positiv beurteilen, weil meist gut abgeklärte, klar umrissene Zielgruppen (z. B. Sozialphobiker) untersucht werden, auf die eine bestimmte Intervention zugeschnitten wurde (z. B. störungsspezifisches Programm gegen Sozialphobie). Etwas erstaunlicher ist die Tatsache, dass auch die emotionale Bindung in internetbasierten Ansätzen ähnlich positiv bewertet wird wie in Face-to-Face-Therapien, wobei sich ja auch zum Beispiel in Brieffreundschaften zeigt, dass Beziehungen und zwischenmenschliche Nähe nicht auf einen Face-to-Face-Kontakt angewiesen sind. Tatsächlich berichten Online-Patienten und ihre Therapeuten auch in offenen Interviews, dass sie sich dem Therapeuten bzw. dem Patienten sehr nahe gefühlt haben. Zu berücksichtigen ist allerdings, dass Fragen zur Therapiebeziehung letztlich vor dem Hintergrund des vorhandenen und möglichen Kontaktes beantwortet werden. Patienten und Therapeuten sind erstaunt, wie gut die Beziehung vor dem Hintergrund eines reinen Online-Kontaktes war und beantworten die Fragen entsprechend positiv. Würde man die Beziehung unabhängig vom Kontext einschätzen lassen, würde sie eventuell weniger gut bewertet werden. Klar ist jedenfalls, dass sich eine Online- von einer Face-to-Face-Beziehung unterscheidet; deshalb sollte sich die Forschung in Zukunft stärker mit der Herausarbeitung von Unterschieden beschäftigen.

Bisher gibt es noch inkonsistente Ergebnisse dazu, ob die Güte der Therapiebeziehung auch den Therapieerfolg steigert. Für Ansätze mit relativ intensivem Kontakt zeichnen sich bisher eher signifikante Zusammenhänge ab als bei geleiteten Selbsthilfeprogrammen, die wenig Kontakt mit Therapeuten vorsahen (Berger, 2014). Wahrscheinlich sollte die Therapiebeziehung in geleiteten Selbsthilfeansätzen auch aus differenzieller Perspektive betrachtet werden, denn nach unserer Erfahrung gibt es bei diesen Ansätzen Patienten, die viel Kontakt mit Therapeuten einfordern und bei denen die Qualität der Therapiebeziehung eine wichtige Rolle spielt. Andere Patienten suchen kaum Kontakt und können trotzdem gut von der Intervention profitieren.

5.1.3. Qualifikation der Therapeuten

Eine andere, bisher allerdings wenig erforschte Frage ist, welche Qualifikation Therapeuten in internetbasierten Ansätzen mitbringen müssen. Es ist davon auszugehen, dass der Einfluss der Therapeuten auf das Therapieergebnis bei individuell gestalteten E-Mail-Therapien größer ist als bei geleiteten Selbsthilfeprogrammen. Tatsächlich wurden in Studien zu den positiv evaluierten geleiteten Selbsthilfeprogrammen oft fortgeschrittene Psychologiestudenten oder Therapeuten in Ausbildung eingesetzt, die im Behandlungsansatz trainiert wurden und die mit häufigen Fragen und möglichen Antworten vertraut waren. Diese E-Mail-Supporter standen aber immer unter Supervision, wobei hier auch der Vorteil von Online-Ansätzen genutzt wurde, dass Nachrichten vor dem Abschicken noch besprochen werden können. Vor diesem Hintergrund sind auch die häufig diskutierten Ergebnisse einer australischen Forschergruppe zu interpretieren, die in mehreren Studien fanden, dass Laien-Supporter in geleiteten Selbsthilfeprogrammen ähnliche Effekte erzielten, wie ausgebildete Therapeuten (Titov et al., 2010a). Die Laien-Supporter konnten bei Unklarheiten und Schwierigkeiten immer auf einen Supervisor zurückgreifen. In einer schwedischen Studie zu geleiteten Selbsthilfeprogrammen bei Depressionen wurden Therapeuteneffekte für störungsübergreifende, nicht aber für depressionsspezifische Veränderungsmaße gefunden, was den Schluss nahelegt, dass der Einfluss der Therapeuten bei Problemen zunimmt, die in den störungsspezifisch ausgerichteten Selbsthilfeprogrammen nicht bearbeitet werden (Almlöv et al., 2009). Von der gleichen Forschungsgruppe wurde in einem direkten Vergleich zwischen erfahrenen und unerfahrenen Therapeuten gefunden, dass die Unterstützung von erfahrenen Therapeuten zwar nicht zu einem besseren Therapieergebnis führt, die erfahrenen Therapeuten aber weniger Zeit für die Unterstützung der Patienten brauchen als die Novizen (Andersson et al., 2012a).

5.1.4. Austausch zwischen den Nutzern

In vielen neueren Anwendungen werden internetbasierte Selbsthilfeprogramme durch Diskussionsforen und andere Möglichkeiten des Austausches zwischen den Teilnehmern ergänzt. So können beispielsweise Einträge in die Online-Tagebücher den anderen Teilnehmern anonymisiert zugänglich gemacht werden und von diesen kommentiert werden. Diese kollaborativ-partizipativen Elemente werden nach unserer Erfahrung intensiv genutzt und können möglicherweise die Glaubwürdigkeit des Ansatzes sowie die Motivation und die Compliance der Teilnehmer erhöhen (Berger, 2011). Qualitative Analysen der Inhalte von Forenbeiträgen in internetbasierten Interventionen zeigen, dass im gegenseitigen Austausch häufig hilfreiche Faktoren realisiert werden, die auch aus Gruppenpsychotherapien bekannt sind (Normalisierung, Lernen von anderen, Perspektivenwechsel, positive Verstärkung, anderen eine Hilfe sein zu können; Berger, 2011). Es gibt auch erste Hinweise, dass die Integration von Diskussionsforen in Selbsthilfeinterventionen deren Wirksamkeit erhöhen kann. So erwies sich ein in Australien mehrfach getestetes ungeleitetes Selbsthilfeprogramm bei sozialen Angststörungen als wirksamer, wenn die Intervention durch ein moderiertes

Diskussionsforum ergänzt wurde (Titov et al., 2009). Ein schwedisches Forschungsteam ergänzte den Einsatz eines Selbsthilfebuches zur Behandlung der sozialen Angststörung mit der Möglichkeit, sich in einem nicht moderierten Internetforum mit den anderen Teilnehmern auszutauschen (Furmark et al., 2009). In einem direkten Vergleich dieser Bibliotherapiebedingung mit internetbasierter therapeutenunterstützter Selbsthilfe konnten bezüglich Abbrecherquote und Therapieerfolg keine Unterschiede gefunden werden.

5.2. Für wen sind internetbasierte Ansätze geeignet?

Die Frage, für wen internetbasierte Angebote besonders erfolgsversprechend sind und für wen nicht, kann bis heute nicht befriedigend beantwortet werden. Patientenmerkmale wie Alter, Geschlecht, Bildung, Chronizität oder Schweregrad der Störung haben sich bisher nie über verschiedene Studien hinweg als Prädiktoren des Therapieerfolgs gezeigt. Als bisher bester Prädiktor des Therapieerfolgs hat sich die Erfolgserwartung zu Beginn einer internetbasierten Intervention erwiesen (z. B. Boettcher et al., 2013a). Daraus kann abgeleitet werden, dass solche Ansätze besonders dann erfolgsversprechend sind, wenn Patienten das Internetsetting für die Bearbeitung ihrer Probleme als sinnvoll erachten und zuversichtlich sind, dass ihnen diese Therapieform helfen kann. Häufig zeigt sich auch erst mit der Nutzung der Online-Intervention, ob Patienten mit dem Therapieformat zurechtkommen, die nötigen Lese- und Schreibkompetenzen mitbringen und sich für die relativ selbstständige therapeutische Arbeit motivieren können (Berger & Caspar, 2011). Aus unserer Sicht ist es deshalb wichtig, den Behandlungsprozess in einer frühen Phase besonders intensiv zu überwachen. Wenn Patienten Bedenken bezüglich des Therapieformats äußern, die Intervention nicht nutzen und sich der Zustand in den ersten Wochen nicht verbessert oder gar verschlechtert, ist die Wahrscheinlichkeit eines positiven Therapieausgangs nach unserer Erfahrung gering. Entsprechende Patienten sollten frühzeitig identifiziert und einer intensiveren Therapieform, zum Beispiel einer Psychotherapie zugewiesen werden.

6. Fazit

Internetbasierte Interventionen wurden in den letzten Jahren intensiv beforscht, wobei sich die Forschung in dieser ersten Phase der Entwicklung vor allem auf die

Legitimation konzentriert hat, das heißt auf die Frage, ob das Behandlungsformat überhaupt wirksam sein kann. Diese Legitimationsphase ist in der Forschungscommunity zu internetbasierten Interventionen weitgehend abgeschlossen. Die empirische Evidenz zeigt deutlich und auf der Basis vieler Studien, dass internetbasierte Ansätze, insbesondere wenn sie einen Kontakt mit Therapeuten beinhalten, grundsätzlich wirksam sein können. Vor diesem Hintergrund ist die Forschung nun in eine neue Phase eingetreten. In jüngerer Zeit wird vermehrt Fragen nachgegangen wie »Bei wem und wie wirken internetbasierte Interventionen?« und »Wie können internetbasierte Ansätze optimal in die Regelversorgung implementiert und mit traditionellen Versorgungsansätzen kombiniert werden?« Dieser nächste Schritt ist wichtig, weil nicht davon ausgegangen werden kann, dass internetbasierte Interventionen für alle Patienten und Therapeuten gleich gut geeignet sind und in allen Versorgungssettings gleich gut funktionieren. Aus Ländern wie Schweden, den Niederlanden oder Australien, in denen die Implementierung schon weiter fortgeschritten ist als in deutschsprachigen Ländern, kommen Hinweise, dass internetbasierte Interventionen auch in der Regelversorgung gut funktionieren. Wichtig erscheint dabei, dass diese routinemäßigen Anwendungen in den genannten Ländern meist nicht unabhängig von traditionellen psychiatrisch-psychotherapeutischen Institutionen vermittelt werden, sondern Teil eines Gesamtangebotes sind, welches auch traditionelle Behandlungsformen umfasst. So ist beispielsweise die sogenannte »Internet Psychiatry Unit« in Stockholm in die dortige Universitätsklinik für Psychiatrie und Psychotherapie integriert. Die Patienten werden zunächst face to face abgeklärt. Dies hat den wichtigen Vorteil, dass Patienten, die traditionelle Angebote bevorzugen oder bei denen die Internettherapie nicht ausreichend hilft, passend überwiesen und weiterversorgt werden können.

Eine andere Entwicklung sind die vorab genannten *blended treatments*, in welchen internetbasierte mit traditionellen Face-to-Face-Interventionen kombiniert werden. Aufgrund der technologischen und gesellschaftlichen Entwicklung werden Therapeuten in Zukunft wohl vermehrt dazu übergehen, gewisse Therapieelemente online zu realisieren. Hier sind in Zukunft Überlegungen und Studien notwendig, um die Frage zu klären, welches Medium bzw. Setting für welche Aufgaben und Interventionen besonders geeignet ist.

Aus gesellschaftlicher Perspektive wäre es aber wohl falsch, internetbasierte Interventionen nur als integrierten Teil traditioneller Versorgungsangebote zu betrachten und zu konzipieren. Psychische Störungen sind in der Gesellschaft weitverbreitet und obwohl in der Psychotherapie in den letzten Jahren viele Fortschritte gemacht wurden, konnte die Prävalenz und Inzidenz psychischer Erkrankungen in der Bevölkerung bisher nicht reduziert werden. Das liegt unter anderem daran, dass viele Betroffene keine professionelle Hilfe suchen oder finden. Niederschwellig nutzbare und leicht verbreitbare internetbasierte Angebote könnten das bestehende Versorgungsangebot ergänzen und helfen, die Häufigkeit psychischer Probleme und Störungen zu reduzieren (Kazdin & Blase, 2011). Nach unserer Erfahrung werden mit internetbasierten Interventionen auch viele Menschen erreicht, die sich trotz jahrelanger psychischer Probleme und starkem Leidensdruck nicht vorstellen können, eine Psychotherapie aufzusuchen. Manche dieser Menschen machen durch internetbasierte Interventionen erste positive Erfahrungen mit psychologischen Methoden und entscheiden sich anschließend dafür, sich in Psychotherapie zu begeben. Bei der Implementierung internetbasierter Ansätze sollten solche Aspekte und mögliche Übergänge berücksichtigt werden, beispielsweise im Rahmen von Stepped-Care-Modellen, die in einem ersten Schritt wenig ressourcenintensive Interventionen wie internetbasierte Ansätze nutzen, auf die dann bei Bedarf ressourcenintensivere Psychotherapien folgen.

Eine Gefahr internetbasierter Interventionen ist, dass leicht auch Angebote mit zweifelhafter Professionalität verbreitet werden können, wobei für Patienten nicht unmittelbar ersichtlich ist, wie seriös ein bestimmtes Angebot ist. Diesem Problem ist nicht leicht beizukommen. Zwar wurden von international tätigen Organisationen und Berufsverbänden Gütesiegel und Qualitätskriterien für Online-Gesundheitsangebote entwickelt. Viele dieser Zertifizierungsstellen (z. B. Health on the Net Foundation; www.hon.ch) beurteilen aber letztlich nur formale Kriterien und nicht die inhaltliche Güte und empirische Evidenz einer Intervention. Außerdem wissen viele Patienten nichts von diesem auf der Webseite ersichtlichen Gütesiegel und achten deshalb nicht darauf.

Eine damit verbundene Gefahr ist, dass die positiven Ergebnisse für bestimmte internetbasierte Interventionen auf alle möglichen Online-Ansätze generalisiert werden. Nach unserer Erfahrung wird zu leicht vergessen, dass das Internet nur ein Medium ist. Wie in der traditionellen Therapie ist auch bei internetbasierten Ansätzen entscheidend, was genau gemacht wird und welche Inhalte transportiert werden. Neue internetbasierte Ansätze müssen damit immer erst evaluiert werden, bevor sie als wirksam angenommen werden.

Insgesamt sehen wir heute wohl erst den Anfang einer vermehrten Nutzung und Integration internetbasierter Interventionen in existierende Gesundheitsangebote. Dieser Entwicklung muss zwar verantwortungsbewusst, aber aufgrund bisheriger Erkenntnisse nicht mit Sorge begegnet werden. Therapeuten sollten sich an dieser Entwicklung beteiligten, denn eine Zurückhaltung könnte unqualifizierten Angeboten Vorschub leisten. Internetbasierte psychologische Interventionen können traditionelle Behandlung nicht ersetzen. Sie können aber angesichts der Häufigkeit psychischer Störungen eine sinnvolle und wirksame Ergänzung zu bestehenden Therapieangeboten darstellen.

Literatur

Almlöv, J., Carlbring, P., Berger, T., Cuijpers, P. & Andersson, G. (2009). Therapist factors in Internet-delivered CBT for major depressive disorder. *Cognitive Behaviour Therapy, 38*, 247–254.

Andersson, G., Carlbring, P., Furmark, T. & on behalf of the SOFIE Research Group. (2012a). Therapist experience and knowledge acquisition in Internet-delivered CBT for social anxiety disorder: A randomized controlled trial. *PLoS One, 7*(5), e37411.

Andersson, G. & Cuijpers, P. (2009). Internet-based and other computerized psychological treatments for adult depression: A meta-analysis. *Cognitive Behaviour Therapy, 38*(4), 196–205.

Andersson, G. & Hedman, E. (2013). Effectiveness of Guided Internet-Based Cognitive Behavior Therapy in Regular Clinical Settings. *Verhaltenstherapie, 23*(3), 140–148.

Andersson, G., Paxling, B., Roch-Norlund, P., Ostman, G., Norgren, A., et al. (2012b). Internet-based psychodynamic versus cognitive behavioral guided self-help for generalized anxiety disorder: A randomized controlled trial. *Psychotherapy and Psychosomatics, 81*(6), 344–355.

Andrews, G., Cuijpers, P., Craske, M. G., McEvoy, P. & Titov, N. (2010). Computer therapy for the anxiety and depressive disorders is effective, acceptable and practical health care: A meta-analysis. *PLoS One, 5*(10), e13196.

Barak, A., Klein, B. & Proudfoot, J. G. (2009). Defining Internet-Supported Therapeutic Interventions. *Annals of Behavioral Medicine, 38*(1), 4–17.

Bauer, S., Wolf, M., Haug, S. & Kordy, H. (2011). The effectiveness of internet chat groups in the relapse prevention after inpatient psychotherapy. *Psychotherapy Research, 21*(2), 219–226.

Berger, T. (2014). *Internetbasierte Interventionen bei psychischen Störungen.* Fortschritte der Psychotherapie, Bd. 58. Göttingen: Hogrefe.

Berger, T. (2011). Web 2.0 – Soziale Netzwerke und Psychotherapie. *Psychotherapie im Dialog, 12*(2), 118–122.

Berger, T. & Andersson, G. (2009). Internetbasierte Psychotherapien: Besonderheiten und empirische Evidenz. *Psychotherapie, Psychosomatik, Medizinische Psychologie, 59*(3/4), 159–170.

Berger, T., Boettcher, J. & Caspar, F. (2014). Internet-Based Guided Self-Help for Several Anxiety Disorders: A Randomized Controlled Trial Comparing a Tailored With a Standardized Disorder-Specific Approach. *Psychotherapy, 51*(2), 207–219.

Berger, T. & Caspar, F. (2011). Internetbasierte Psychotherapie. *Psychiatrie und Psychotherapie up2date, 5*(3/4), 29–43.

Berger, T., Caspar, F., Richardson, R., Kneubühler, B., Sutter, D. & Andersson, G. (2011). Internet-based treatment of social phobia: A randomized controlled trial comparing unguided with two types of guided self-help. *Behaviour Research and Therapy, 49*(3), 158–169.

Berger, T., Hohl, E. & Caspar, F. (2009). Internet-based treatment for social phobia: A randomized controlled trial. *Journal of Clinical Psychology, 65*(10), 1021–1035.

Boettcher, J., Renneberg, B. & Berger, T. (2013a). Patient Expectations in Internet-Based Self-Help for Social Anxiety. *Cognitive Behaviour Therapy, 42*(3), 203–214.

Boettcher, J., Carlbring, P., Renneberg, B. & Berger, T. (2013b). Internet-based interventions for social anxiety disorder. *Verhaltenstherapie, 23*(3), 160–169.

Bordin, E. S. (1979). The generalizability of the psychoanalytic concept of the working alliance. *Psychotherapy: Theory, Research & Practice, 16*(3), 252–260.

Brakemeier, E. L., Marchner, J., Gutgsell, S., Engel, V., Radtke, M., Tuschen-Caffier, B., Normann, C. & Berking, M. (2013). CBASP@home: An Internet-Based Situational Analysis Training as a Maintenance Treatment after Inpatient Therapy for Chronically Depressed Patients. *Verhaltenstherapie, 23*(3), 190–203.

Carlbring, P., Maurin, L., Torngren, C., Linna, E., Eriksson, T., Sparthan, E., Strååt, M., Marquez von Hage, C., Bergman-Nordgren, L. & Andersson, G. (2011). Individually-tailored internet-based treatment for anxiety disorders: A randomized controlled trial. *Behaviour Research and* Therapy, 49(1), 18–24.

Donker, T., Bennett, K., Bennett, A., Mackinnon, A., van Straten, A., Cuijpers, P., Christensen, H. & Griffiths, K. M. (2013). Internet-delivered interpersonal psychotherapy versus internet-delivered cognitive behavioral therapy for adults with depressive symptoms: randomized controlled noninferiority trial. *Journal of Medical Internet Research, 15*(5), e82.

Döring, N. (2003). *Sozialpsychologie des Internet*. Göttingen: Hogrefe.

Ebert, D., Tarnowski, T., Gollwitzer, M., Sieland, B. & Berking, M. (2013). A transdiagnostic Internet-based maintenance treatment enhances the stability of outcome after inpatient cognitive behavioral therapy: a randomized controlled trial. *Psychotherapy and Psychosomatics, 82*(4), 246–256.

Furmark, T., Carlbring, P., Hedman, E., Sonnenstein, A., Clevberger, P., Bohman, B., Eriksson, A., Hållén, A., Frykman, M., Holmström, A., Sparthan, E., Tillfors, M., Ihrfelt, E. N., Spak, M., Eriksson, A., Ekselius, L. & Andersson, G. (2009). Guided and unguided self-help for social anxiety disorder: randomised controlled trial. *British Journal of Psychiatry, 195*(5), 440–447.

Hedman, E., Ljotsson, B., & Lindefors, N. (2012). Cognitive behavior therapy via the internet: A systematic review of applications, clinical efficacy and cost-effectiveness. *Expert Rev Pharmacoecon Outcomes Res, 12*(6), 745–764.

Horvath, A. O., & Greenberg, L. S. (1989). Development and validation of the working alliance inventory. *Journal of Counseling Psychology, 36*(2), 223–233.

Johansson, R., & Andersson, G. (2012). Internet-based psychological treatments for depression. *Expert Review of Neurotherapeutics, 12*(7), 861–870.

Kazdin, A. E., & Blase, S. L. (2011). Rebooting Psychotherapy Research and Practice to Reduce the Burden of Mental Illness. *Perspectives on Psychological Science, 6*(1), 21–37.

Klasen, M., Knaevelsrud, C. & Böttche, M. (2013). Die therapeutische Beziehung in internetbasierten Therapieverfahren. *Nervenarzt, 84*(7), 823–831.

Klein, J. P. & Berger, T. (2013). Internetbasierte psychologische Behandlung bei Depression. *Verhaltenstherapie, 23*(3), 149–159.

Meyer, B., Berger, T., Caspar, F., Beevers, C. G., Andersson, G. & Weiss, M. (2009). Effectiveness of a Novel Integrative Online Treatment for Depression (Deprexis): Randomized Controlled Trial. *Journal of Medical Internet Research, 11*(2), e15.

Reichwald, R., Möslein, K., Sachenbacher, H. & Englberger, H. (1998). *Telekooperation, Verteilte Arbeits- und Organisationsformen*. Heidelberg: Springer.

Spek, V., Cuijpers, P., Nyklicek, I., Riper, H., Keyzer, J. & Pop, V. (2007). Internet-based cognitive behaviour therapy for symptoms of depression and anxiety: A meta-analysis. *Psychological Medicine, 37*(3), 319–328.

Titov, N., Andrews, G., Davies, M., McIntyre, K., Robinson, E. & Solley K. et al. (2010a). Internet treatment for depression: a randomized controlled trial comparing clinician versus technician assistance. *PLoS ONE 5*(6), e10939.

Titov, N., Andrews, G., Johnston, L., Robinson, E. & Spence, J. (2010b). Transdiagnostic Internet treatment for anxiety disorders: A randomized controlled trial. *Behaviour Research and Therapy, 48*(9), 890–899.

Titov, N., Andrews, G., Schwencke, G., Solley, K., Johnston, L. & Robinson, E. (2009). An RCT comparing effect of two types of support on severity of symptoms for people completing Internet-based cognitive behaviour therapy for social phobia. *Australian and New Zealand Journal of Psychiatry, 43*(10), 920–926.

Vernmark, K., Lenndin, J., Bjarehed, J., Carlsson, M., Karlsson, J., Oberg, J., Carlbring, P., Eriksson, T. & Andersson, G. (2010). Internet administered guided self-help versus individualized e-mail therapy: A randomized trial of two versions of CBT for major depression. *Behaviour Research and Therapy, 48*(5), 368–376.

Wagner, B., Horn, A. B. & Maercker, A. (2014). Internet-based versus face-to-face cognitive-behavioral intervention for depression: A randomized controlled non-inferiority trial. *Journal of Affective Disorders, 152–154*, 113–121.

Internetbasierte Unterstützung der Depressionsbehandlung

Das Online-Programm Deprexis

Björn Meyer[1], Thomas Berger & Steffen Moritz

Zur leitliniengerechten Behandlung der Depression gehören neben Psychotherapie, medikamentöser Behandlung und stationärer oder teilstationärer Behandlung auch die Psychoedukation und Selbsthilfe (DGPPN et al., 2009). Internetbasierten Patientenprogrammen wird in diesem Zusammenhang aufgrund des leichten Zugangs, der guten Wirksamkeit und der Skalierbarkeit ein besonderes Potenzial zugesprochen (Cuijpers et al., 2011). Mit Deprexis steht ein Online-Patientenprogramm zur Verfügung, das seinen Nutzen in unabhängigen Studien sowohl in der Klinik als auch im ambulanten Einsatz in der deutschen Versorgungslandschaft bestätigt hat (Berger et al., 2011; Fischer et al., 2015; Meyer et al., 2009, 2015; Moritz et al., 2012a; Schröder et al., 2014). In diesem Übersichtsartikel werden die Inhalte, die Funktion, der Forschungsstand, sowie Möglichkeiten und Risiken eines klinischen Einsatzes von Deprexis erörtert.

Onlinebasierte Patientenprogramme kombinieren Vorteile wie örtliche und zeitliche Verfügbarkeit, Automatisierung und Wirksamkeit. Mehrere Übersichtsarbeiten und metaanalytische Review-Artikel zeigen das Ausmaß der Wirksamkeit dieser Interventionsformen auf (Andrews & Williams, 2014; Arnberg et al., 2014; Cuijpers et al., 2010, 2011; Johansson & Andersson, 2012; Richards & Richardson, 2012). Online-Patientenprogramme können demnach zu Symptomreduktion, Steigerung des Funktionsniveaus und Verbesserung von Selbstwertgefühl und Lebensqualität beitragen; sie sind jedoch nicht als Wunder- oder Allheilmittel misszuverstehen und werden zu Recht auch kritisch hinterfragt (Bauer et al., 2005; Eichenberg, 2008; Hardt & Ochs, 2012; Hardt, 2013; Hohagen, 2009). Zu den

---

[1] Björn Meyer ist als Forschungsleiter bei der Gaia AG, Hamburg, angestellt, die Deprexis entwickelt hat und betreibt.

Nachteilen und möglichen Gefahren therapienaher Online-Angebote gehören zum Beispiel das Risiko, Patienten von benötigten fachgerechten Behandlungen abzuhalten, durch unwirksame Teilbehandlung zur Chronifizierung oder Symptomeskalation beizutragen, nicht adäquat auf Notfälle reagieren zu können und das vielleicht wichtigste Element therapeutischer Behandlung – die Beziehung – nur unzureichend abbilden zu können. Ein weiterer potenzieller Nachteil ist, dass therapeutengestützte Programme keine Steigerung der Versorgungseffizienz, sondern eher eine zusätzliche Belastung für Therapeuten bedeuten könnten, wenn diese sich durch die Unterstützung des Online-Programms überfordert fühlen sollten. Langfristig sinnvoll erscheinen daher vor allem Patientenprogramme, deren Wirksamkeit in mehreren von den Programmentwicklern unabhängigen Studien belegt wurde, die die für die EU notwendigen Zulassungskriterien hinsichtlich Sicherheit und Datenschutz erfüllen und die in der Routinepraxis von Patienten, Ärzten und Therapeuten angenommen werden. Vor allem Programme, die keiner arbeitsintensiven Unterstützung durch Therapeuten bedürfen und die dennoch Wirksamkeit zeigen, könnten eine sinnvolle Entlastung für behandelnde Psychotherapeuten darstellen.

Ungeachtet der berechtigten Kritikpunkte gehören computer- und onlinebasierte Angebote in einigen Ländern zum Standardrepertoire der Depressionsbehandlung. In Großbritannien, den Niederlanden, Schweden und Australien zum Beispiel erhalten Patienten seit gut einem Jahrzehnt Zugang zu Programmen, anhand derer sie verhaltenstherapeutische Selbstmanagementtechniken erlernen können (Andersson, 2013; Bennett-Levy et al., 2010; Christensen et al., 2012; Clark, 2011; Andrews et al., 2010; Andrews & Williams, 2014; National Institute for Health and Clinical Excellence, 2009), während derartige Programme in Deutschland noch kaum Eingang in die psychiatrisch-psychotherapeutische Versorgung gefunden haben. In Deutschland liegt seit etwa sechs Jahren ein Online-Patientenprogramm namens Deprexis zur Unterstützung der Depressionsbehandlung vor, welches in Kliniken und in der ambulanten Versorgung eingesetzt wird und in bisher sechs veröffentlichten randomisiert-kontrollierten Studien untersucht wurde. Deprexis kann per Passwort über jeden internetfähigen Computer genutzt werden und involviert Programmnutzer über einen Zeitraum von drei Monaten in einer Reihe von individualisierten »Dialogen«: Patienten wählen kontinuierlich eine von mehreren Antwortoptionen aus und erhalten daraufhin dynamisch adjustierte Inhalte, die zu den jeweiligen Optionen passen. Nach dem Vorbild psychotherapeutischer Interaktion, in der Therapeuten ihr Vorgehen kontinuierlich dem sich stetig wandelnden Kontext anpassen, zielt Deprexis so auf eine Form der »Responsiveness« (Stiles et al., 1998) ab, um die Relevanz, den Nutzen und die Wirksamkeit zu maximieren (Krebs et al., 2010).

Dieser Beitrag zielt darauf ab, praktizierende Kliniker am Beispiel von Deprexis in die Thematik computerbasierter Patientenprogramme in der Depressionsbehandlung einzuführen, damit sie Potenzial und Risiken eines möglichen Einsatzes abschätzen können. Insbesondere soll das Programm sowie die verfügbare Evidenz dargestellt werden und es soll erörtert werden, für welche Patientengruppe und in welchem Setting ein Einsatz sinnvoll erscheint. Im Bereich computerbasierter Patientenprogramme sind unseriöse und unwirksame Angebote weitverbreitet (Harwood & L'Abate, 2010), was auf die Notwendigkeit wissenschaftlich belastbarer Wirksamkeitsnachweise verweist.

Beschreibung des Online-Patientenprogramms Deprexis

Deprexis wurde in den Jahren 2006 und 2007 in einer ersten Version entwickelt, kurz darauf in einer ersten randomisiert-kontrollierten Studie getestet (Meyer et al., 2009) und wird seitdem technisch, inhaltlich und grafisch auf dem neuesten Stand gehalten. Technisch basiert das Programm auf einer Expertensystem-Technologie (Broca©), die von der GAIA AG in Zusammenarbeit mit Airbus Anfang bis Mitte der 2000er entwickelt wurde und seitdem kontinuierlich weiterentwickelt wird. Diese Software ist darauf ausgerichtet, individualisierte Inhalte in Form von Dialogen an Programmnutzer zu vermitteln. Die dynamische Anpassung der Inhalte an Nutzerbedürfnisse und -präferenzen entspricht dem Prinzip des Tailoring (maßschneidern), welches möglicherweise den Vorteil einer vergleichsweise höheren Wirksamkeit gegenüber der generischen Informationsvermittlung *(one size fits all)* bietet (Krebs et al., 2010; Lustria et al., 2009; Noar et al., 2007).

Die Entwicklung von Deprexis wurde von einem Team verschiedener Experten geleistet, wobei sowohl Ärzte verschiedener Fachrichtungen als auch Psychologen und Psychotherapeuten sowie Kommunikationswissenschaftler, IT-Ingenieure und Grafiker beteiligt waren und sind. Die Entwicklung und Erforschung von Deprexis wird von einem Netzwerk nationaler und internationaler Wissenschaftler begleitet.[2]

---

2 Zum wissenschaftlichen Beirat gehören Professor Dr. Fritz Hohagen (Universität zu Lübeck), Professor Dr. Franz Caspar (Universität Bern), Professor Dr. Martin Hautzinger (Universität Tübingen) und Professor Dr. Christopher Beevers (University of Texas, Austin, USA). Weiterhin haben sich unter anderem Professor Dr. Gerhard Andersson (Universität Linköping, Schweden), Professor Dr. Thomas Berger (Universität Bern), und Professor Dr. Steffen Moritz (Universität Hamburg) seit ca. 2009 in der Erforschung des Programms engagiert. Viele weitere führende Psychotherapieforscher sind aktuell an Studien zu Deprexis beteiligt (Klein

Programmaufbau und Inhalte

Der Zugang zu Deprexis erfolgt über individuelle Zugangsschlüssel, die jedem geeigneten Interessenten übermittelt werden. Der Zugangsschlüssel ermöglicht das Anlegen einer Kombination von Benutzername und Passwort. Inhaltlicher Kern der Deprexis-Software sind zehn Dialoge, in denen Patienten sich interaktiv mit verschiedenen Themen beschäftigen, indem sie kurze Texte lesen und jeweils eine von mehreren vorformulierten Antwortmöglichkeiten auswählen. Die Texte werden von Illustrationen, Fotos und Audiodateien begleitet und vertieft. Durch das Auswählen verschiedener Antworten haben Programmnutzer die Möglichkeit, zum Beispiel Zustimmung oder Skepsis zu äußern, nach Beispielen und Erläuterungen zu fragen, und ausführlichere oder kürzere Textvarianten zu wählen. Zu jedem der absolvierten Dialoge erhalten Patienten Zusammenfassungen und zum Teil individualisierte Arbeitsblätter im PDF-Format. Im Sinne des Tailoring bzw. der dynamischen Anpassung an Nutzerbedürfnisse und -präferenzen variieren Reihenfolge, Ansprache und Inhaltsbausteine je nach dem vorausgehenden Nutzerverhalten.

Die Inhalte der zehn Themenbereiche entsprechen weitgehend kognitiv-verhaltenstherapeutischen Ansätzen, beinhalten jedoch im Sinne einer allgemeinen, integrativen Psychotherapie (Grawe, 2004) auch schulenübergreifende Elemente, zum Beispiel aus den Traditionen interpersoneller und emotionsfokussierter Therapien. Als leitendes theoretisches Gerüst sind die Konsistenztheorie nach Grawe (2004), die Self-Determination-Theorie nach Ryan und Deci (2008) sowie akzeptanz- und achtsamkeitsorientierte Ansätze nach Hayes (Hayes et al., 2011; Hayes & Lillis, 2012) in den Programminhalten erkennbar.

Die einzelnen in den Dialogen besprochenen Themen lassen sich wie folgt zusammenfassen: (1) Einleitung (Erklärung der Programmfunktion, psychoedukative Inhalte zum kognitiv-verhaltenstherapeutischen Erklärungsmodell der Depression, erste praktische Übungen); (2) kognitive Umstrukturierung (z. B. Erkennen und Bewältigen belastender automatischer Gedanken); (3) Verhaltensaktivierung (Anregung konkreter Aktivitäten, die zum Beispiel zu Genuss- oder Erfolgserlebnissen führen könnten); (4) Entspannungsübungen; (5) Achtsamkeits- und Akzeptanzübungen; (6) Gestaltung interpersoneller Beziehungen und soziales Kompetenztraining; (7) Problemlöse-Training; (8) Umgang mit belastenden Lebenserfahrungen und Erinnerungen; (9) Verarbeitung von Träumen und emotionsfokussierte Methoden; (10) Übungen aus dem Bereich der »positiven Psychologie« (Selig-

---

et al., 2013) und Studien werden unter anderem vom Bundesministerium für Gesundheit (BMG) und vom Bundesministerium für Bildung und Forschung (BMBF) unterstützt.

man et al., 2005). Ein zusätzlicher Review-Dialog bietet die Möglichkeit, Inhalte vorheriger Sitzungen zu wiederholen. Nach Absolvieren dieser Dialoge können diese innerhalb der Nutzungszeit von drei Monaten beliebig oft durchgegangen werden. Ein Beispiel aus dem ersten Dialog ist in Abbildung 1 dargestellt.

Abbildung 1: Screenshot: Begrüßung des Nutzers im ersten Deprexis-Dialog

Als zusätzliche Hilfe bietet Deprexis den Patienten die Möglichkeit, ihren Symptomverlauf grafisch nachzuvollziehen, was im Sinne des Feedbacks generell hilfreich erscheint (Lambert et al., 2003). Nach jedem Einloggen (sofern mindestens 24 Stunden seit der letzten Sitzung vergangen sind) wird ein Kurzfragebogen zur Erfassung der aktuellen Stimmung angeboten, sodass die Darstellung der Symptombelastung über Wochen und Monate ermöglicht wird. In zweiwöchigen Abständen werden Programmnutzer außerdem gebeten, einen validierten Depressionsfragebogen auszufüllen (den PHQ-9; Löwe et al., 2004), welcher in aktuellen Leitlinien zur Verlaufsmessung empfohlen wird (DGPPN et al., 2009), um eine wissenschaftlich belastbare Überprüfung der Symptomverläufe zu gewährleisten. Weitere Produktelemente sind zum Beispiel ein persönlicher Bereich (»Mein Bereich«), durch den Patienten Zugriff auf persönlich zusammengestellte Arbeitsbögen, Zusammenfassungen und Wiederholungsdialoge haben.

Eine Produktneuerung ist, dass Patienten seit 2012 tägliche Kurztexte (SMS) auf ihrem Mobiltelefon erhalten können. Die Kurztexte sollen einerseits an die Programmnutzung erinnern und andererseits die Umsetzung behandelter Techniken in der Alltagsroutine fördern (Beispiel SMS: »Jetzt dreimal ruhig durchatmen ... Mit jedem Atemzug leise sagen: Ich öffne mich, entspanne mich, beobachte alles ganz gelassen ...«). Da sowohl Pilottestungen der Deprexis-Entwickler als auch die allgemeine Evidenzlage den Nutzen derartiger SMS-Interventionen nahelegen (Shapiro & Bauer, 2010), wurde dieses Element in das Deprexis-Programm integriert. Eine weitere Neuerung ist, dass Deprexis seit 2012 für die Nutzung auf Smartphones bzw. mobilen Geräten (z. B. Tablet-PC) optimiert ist.

Datenschutz und Datensicherheit

Deprexis ist als erstes derartiges Programm durch eine CE-Zertifizierung als Medizinprodukt in Europa zur Nutzung zugelassen und ist als solches auch gesetzlich daran gebunden, die Einhaltung aktueller Datenschutz- und Datensicherheitsrichtlinien sicherzustellen. In mehreren Studien (s. u.) wurde Deprexis von verschiedenen Ethikkommissionen und Datenschutzbehörden geprüft und als unbedenklich eingestuft.

Umgang mit Krisen und Suizidalität

Als via Internet verfügbares Patientenprogramm kann Deprexis, wie andere Patientenprogramme, nicht im Sinne eines aktiven Krisenmanagements bei Notfällen eingreifen. Programmnutzer werden zu Beginn auf diesen Umstand hingewiesen und müssen ihr Einverständnis erklären, um das Programm nutzen zu können. Es werden allgemein zugängliche Notfallnummern und Krisen-Hotlines genannt. In Studien und im Einsatz zum Beispiel in ambulanten und stationären Behandlungssettings bietet es sich deshalb an, geeignete Notfallmaßnahmen für Programmnutzer auszuarbeiten und mit der Programmnutzung zu verknüpfen (z. B. Erstellung eines individuellen Krisenplans; Berger et al., 2011; Meyer et al., 2015). Im Prinzip gelten bei der Verordnung des Arztes oder Therapeuten die gleichen Sicherheits- und Vorsorgemaßnahmen, wie sie auch für Antidepressiva und den Psychotherapieeinsatz gelten: Der Therapeut ist gehalten, den Nutzen sowie unerwünschte Effekte im Rahmen der üblichen Konsultationen zu prüfen und gegebenenfalls andere oder weitere leitliniengerechte Behandlungsmethoden gemeinsam mit dem Patienten einzuleiten.

Studienlage zu Deprexis

Die Wirksamkeit von Deprexis in Bezug auf die Reduktion der Depression wurde in bislang sechs publizierten randomisiert-kontrollierten Studien untersucht (Berger et al., 2011; Fischer et al., 2015; Meyer et al., 2009, 2015; Moritz et al., 2012a; Schröder et al., 2014). Drei dieser Studien wurden in den Jahren 2009 bis 2012 publiziert und in mehreren Übersichtsarbeiten aufgenommen (z. B. Cuijpers et al., 2011; Meyer et al., 2014; Richards & Richardson, 2012). Drei neue Studien wurden erst kürzlich (2014) abgeschlossen und sind deshalb noch weniger bekannt (siehe die Tabelle »Übersicht der zu Deprexis publizierten Wirksamkeitsstudien« auf der Verlagshomepage[3]).

In der ersten Studie (Meyer et al., 2009) zur Wirksamkeit von Deprexis wurden 396 Probanden aus Internetforen zum Thema Depression rekrutiert und der sofortigen Deprexis-Nutzung oder einer Wartekontrollgruppe zugewiesen, in der der Zugang erst nach neun Wochen gewährt wurde. Im Vergleich zur Kontrollgruppe kam es bei Deprexis-Nutzern zu einer signifikant stärkeren Reduktion der Depressivität und zur Besserung der selbstberichteten Arbeits- und sozialen Funktionsfähigkeit. Wie bei anderen unbegleiteten Online-Programmen nahmen viele Patienten an der Post-Treatment-Befragung nicht teil (Eysenbach,

---

3 Die genannte Tabelle ist auf der Website des Buches als PDF abrufbar: http://www.psychosozial-verlag.de/2489; auch im Folgenden ist beim Verweis »s. Tabelle« dieser Link gemeint.

2005); die Effekte zeigten sich jedoch auch in konservativ berechneten Intention-to-treat-Analysen (ITT) als stabil (s. Tabelle). In dieser Studie war die GAIA AG beteiligt, was aufgrund bekannter Allegiance-Effekte (Luborsky et al., 1999) als Schwachpunkt gewertet werden kann, jedoch in mehreren weiteren Studien nicht mehr gegeben war.

In einer zweiten Studie (Berger et al., 2011) wurde von einer unabhängigen, vom Schweizer Nationalfond finanzierten Forschergruppe untersucht, inwiefern sich die Begleitung der Programmnutzung durch Therapeuten auf die Wirksamkeit auswirkt. In einer dreiarmigen Studie wurden 76 Probanden, bei denen mit standardisierten Interviews die Diagnose einer depressiven Erkrankung verifiziert worden war, in drei Gruppen randomisiert: (1) unbegleitete Deprexis-Nutzung, (2) minimal gestützte Nutzung (kurze wöchentliche E-Mails von Therapeuten) oder (3) Wartekontrollgruppe. Im Vergleich zur Wartekontrollgruppe zeigten sich wieder signifikant stärkere Reduktionen der Depressivität bei Deprexis-Nutzern, welche über einen Zeitraum von sechs Monaten stabil blieben. Möglicherweise durch den Kontakt mit Diagnostikern, die zu Anfang der Studie die Diagnose mit strukturierten Interviews sicherten, lag die Abbruchrate in dieser zweiten Studie mit nur ca. 10% deutlich niedriger und die Effekte waren tendenziell noch etwas stärker als in der ersten Studie (s. Tabelle). Wie in der ersten Studie zeigte sich die statistisch signifikante Reduktion der Depression auch in der Wartegruppe, nachdem diese nach Ablauf der Wartezeit Zugang zum Programm erhalten hatte.

In einer dritten, auch von einer von den Entwicklern unabhängigen Forschergruppe durchgeführten Studie (Moritz et al., 2012a) zeigte sich ebenfalls eine geringere Abbruchquote von nur ca. 20%, wobei hier keine Anbindung durch Kontakt zu Diagnostikern erfolgte. In dieser Studie wurden Probanden entweder der Deprexis-Nutzung oder einer Wartekontrollgruppe zugewiesen. Zusätzlich zu dem auch hier replizierten Effekt der Reduktion der Depressivität zeigten sich Hinweise, dass die Effekte bei mittelstark ausgeprägter Depression und bei Patienten, die gleichzeitig keine Psychotherapie erhielten, besonders stark waren.

In drei neuen, kürzlich publizierten Studien wurde die Wirksamkeit des Programms bei Patienten mit schwerer Depression (Meyer et al., 2015) sowie mit primär somatischen (neurologischen) Erkrankungen und komorbider Depression (Fischer et al., 2015; Schröder et al., 2014) untersucht (s. Tabelle). In einer dieser drei neuen Studien zeigte sich bei einer Stichprobe von 163 Personen mit initial schwergradiger Depressivität, dass die Deprexis-Nutzung signifikant zur Symptomreduktion beiträgt, wobei Effekte nicht nur zum Post-Treatment-Zeitpunkt nach drei Monaten, sondern auch beim Follow-up nach sechs Monaten nachweisbar waren (Meyer et al., 2015). Besonders stark ausgeprägte Depressionsreduktion zeigte sich hier bei der Subgruppe von Patienten, die Deprexis zusätzlich zur Behandlung mit Antidepressiva nutzten (Meyer et al., 2015). Da 74% der Probanden angaben, sich wegen depressiver Beschwerden bereits in Behandlung zu befinden (z. B. Antidepressiva, Psychotherapie), können die Ergebnisse als Beleg gewertet werden, dass Deprexis als zusätzliches Behandlungselement auch bei Patienten mit schwerer Depression einen Nutzen im Sinne der Symptomreduktion erbringen kann.

Weiterhin wurde in den neuen Studien gezeigt, dass Deprexis zur Depressionsreduktion bei Patienten neurologischen Erkrankungen beitragen kann. Sowohl bei Patienten mit multipler Sklerose (Fischer et al., 2015) als auch mit Epilepsie (Schröder et al., 2014) konnten entsprechende Wirksamkeitsnachweise erbracht werden (s. Tabelle). Diese Befunde sind auch deshalb von Interesse, da eine pharmazeutische Depressionsbehandlung bei Patienten mit neurologischen Erkrankungen besondere Risiken birgt und insofern eine Unterstützung mit einem internetbasierten Programm besonders naheliegend erscheint.

In diesen drei neuen Wirksamkeitsstudien wurden abermals mittlere Effektstärken im Vergleich zu Kontrollgruppen, die das Programm nicht nutzten, nachgewiesen, was als Indiz für die Robustheit und Replizierbarkeit der Interventionseffekte gewertet werden kann. Die Studien-Abbruchraten lagen in den drei neuen Studien bei jeweils ca. 20%, was als gering eingestuft werden kann. Weitere methodische Details der sechs vorliegenden Deprexis-Studien sind zur Übersicht in der Tabelle auf der Verlagshomepage zusammengefasst.

In den vorliegenden Studien zeigte sich, dass bei ca. 25% der Deprexis-Nutzer klinisch signifikante Verbesserungen im Sinne der »Recovery-Kriterien« nach Jacobson und Truax zu erwarten sind und bei 42–68% zumindest klar nachweisbare, spürbare Verbesserungen *(reliable change)* auftreten, wobei der subjektive Benefit noch größer (ca. 70–80%) zu sein scheint. In Bezug auf die Anzahl der Patienten, die zu behandeln sind, um einen Effekt zu erzielen *(numbers needed to treat*, NNT), bedeutet dies, dass etwa zwei bis drei Patienten Deprexis nutzen müssen, bis ein klinisch bedeutsamer Effekt eintritt, der sonst nicht eingetreten wäre (bei der konservativen Annahme, dass ein solcher Effekt bei 50% der Deprexis-Nutzer und bei 10% der Nicht-Nutzer nach etwa zehn Wochen eintritt). Die Wirksamkeit des Programms scheint demnach durchaus mit der von Antidepressiva vergleichbar zu sein, insbesondere bei leicht- bis mittelgradiger Ausprägung der Depression, während bei starker Depression Antidepressiva überlegen sein dürften (Fournier et al., 2010). Dabei ist zu berücksichtigen, dass Deprexis nicht substitutiv, sondern eher additiv gemeinsam mit anderen Behandlungsoptionen eingesetzt werden sollte, sodass auch synergistische Effekte denkbar sind, die die Gesamtwirksamkeit der kombinierten Interventionen noch steigern könnten (siehe dazu auch Meyer et al., 2015).

Aktuelle Metaanalysen zeigen ebenfalls (Cuijpers et al., 2011; Richards & Richardson, 2012), dass computer- und internetbasierte Patientenprogramme für Patienten mit depressiver Symptomatik in der Regel kleine bis mittelstarke Effekte erzielen (Cohen's d = 0,28–0,36). Die Wirksamkeit von Deprexis kann auch vor diesem Hintergrund als gut bezeichnet werden, da in den hier berichteten Studien mehrfach deutlich höhere Effekte gezeigt wurden, insbesondere dann, wenn eine fundierte Diagnosestellung und eine Begleitung durch Therapeuten gegeben war (Berger et al., 2011). Eine Anbindung an ein Behandlungssetting (z. B. Klinik, Praxis) empfiehlt sich somit, um die Wirksamkeit zu maximieren (Andersson et al., 2009).

Eignungskriterien für die Programmnutzung

Unklar ist noch, ob es bestimmte Patiententypen oder demografische bzw. klinische Charakteristika gibt, die zur Nutzung prädestinieren oder deren Erfolg voraussagen. Offensichtlich ist, dass einerseits bestimmte Mindestanforderungen an Konzentrationsfähigkeit, Sprachverständnis und das Antriebsniveau gegeben sein müssen. Andererseits gibt es Hinweise, dass die relativ stärksten Symptomreduktionen bei mindestens mittelstark ausgeprägter Depression eintreten (Bower et al., 2013; Moritz et al., 2012). Klinisch zu erwarten wäre, dass komplexe Komorbidität, ein chronischer Verlauf und ein frühes Eintreten der Erkrankung ebenfalls mit geringerem Ansprechen verbunden sind und sekundäre Auswertungen geben tatsächlich Hinweise auf derartige Zusammenhänge (Meyer et al., 2011). Gute Prädiktoren des klinischen Nutzens von Deprexis dürften, wie bei anderen Formen der Depressionsbehandlung (Meyer et al., 2002; Snyder et al., 1999), eine aufgeschlossen-positive Erwartungshaltung des Patienten, die Hoffnung auf Linderung und Selbstwirksamkeitserwartung sowie die Unterstützung der Behandlung durch den Arzt oder Therapeuten sein.

Weitere Anwendungen und laufende Studien

Die Wirksamkeit von Deprexis wurde bisher in sechs Studien mit insgesamt mehr als tausend Patienten gezeigt (s. Tabelle) und das Programm wird aktuell in weiteren Studien mit mehreren Tausend Teilnehmern untersucht. In der vom BMG geförderten Studie EVIDENT soll beispielsweise festgestellt werden, ob der Einsatz des Programms bei Personen mit leicht- bis mittelgradiger Depressivität Symptome reduzieren sowie die Ausbildung verstärkter depressiver Symptomatik verhindern kann (Klein et al., 2013). In dieser Studie werden zusätzlich Veränderungen der Depression mittels validierter Ratingskalen gemessen. In einer weiteren Studie in Zusammenarbeit mit einer großen Krankenkasse (DAK) werden aktuell gesundheitsökonomische Effekte der Deprexis-Nutzung bei mehreren Tausend Teilnehmern untersucht.

In Analysen bereits beendeter Studien wurde weiterhin unter anderem gezeigt, dass die Deprexis-Nutzung sich nicht negativ auf die Einstellung zur psychotherapeutischen Behandlung auswirkt (Moritz et al., 2012b). In einer weiteren Studie, in Zusammenarbeit mit der DPtV, wird aktuell geprüft, ob Deprexis als zusätzliches Element in der Psychotherapie einen Nutzen erbringen kann (Krieger et al., 2014). Studien laufen auch in den USA und England, sodass in den kommenden Jahren mit vielfältigen weiteren Ergebnissen zu rechnen ist.

Klinische Einsatzmöglichkeiten

Das Programm Deprexis wird seit einigen Jahren in verschiedenen psychiatrischen und psychotherapeutischen Kliniken und Praxen eingesetzt. So wurden zum Beispiel gute Erfahrungen mit der Deprexis-Nutzung im Pfalzklinikum Klingenmünster und in der psychiatrischen Klinik Augsburg gemacht, welche auch auf dem DGPPN-Kongress 2012 vorgestellt werden. Ebenfalls gute Erfahrungen wurden in einer verhaltenstherapeutischen Klinik in Hamburg gemacht, in der das Programm sowohl im Rahmen einer Studie als auch im Routinebetrieb der Tagesklinik zum Einsatz kommt. Auch hier wurden Erfahrungsberichte auf dem DGPPN-Kongress 2011 vorgestellt.

Prinzipiell lassen sich nach den bisherigen Studien und Erfahrungen zum Einsatz im Routinebetrieb mindestens zwei klinische Nutzungsmöglichkeiten unterscheiden.

Verordnete Nutzung in der ambulanten Behandlung

Deprexis kann begleitend zu einer laufenden psychotherapeutischen oder pharmakologischen antidepressiven Behandlung eingesetzt werden. Nach fachärztlicher bzw. psychologisch-psychotherapeutischer Diagnose und der regulären begleitenden Unterstützung sind nach aktueller Evidenzlage gute Effektstärken zu erreichen. Neben der stationären Nutzungsform ist dieser Einsatzbereich sicher das ideale Setting, um Patientensicherheit zu gewähren und die Wirksamkeit zu maximieren. Nach der Indikationsstellung aufgrund einer depressiven Störung sollte der Patient zur Programmnutzung motiviert werden. Im Therapieverlauf sollte er außerdem in regelmäßigen Abständen (z. B. alle 14 Tage) einbestellt werden, um im Rahmen der Routinebehandlung Fortschritte oder Schwierigkeiten zu eruieren und in stützenden Gesprächen zur weiteren Nutzung zu motivieren. Nach bisherigen Erfahrungen sollten positive Effekte nach etwa vier bis sechs Wochen sichtbar werden. Treten diese nicht auf, so kann die Deprexis-Nutzung beendet oder um andere Therapieformen (z. B. Antidepressiva, ambulante Psychotherapie) ergänzt werden. In der psychotherapeutischen Behandlung passt das Programm eher zur verhaltenstherapeutisch als zur tiefenpsychologisch orientierten Therapie, jedoch ist auch ein komplementärer Einsatz vorstellbar und wird in Erfahrungsberichten als durchaus sinnvoll dargestellt.

Anwendung in der stationären und tagesklinischen Behandlung

Deprexis kann Patienten während der stationären oder tagesklinischen Behandlung als zusätzliches Element der Behandlung angeboten werden. Nach Erfahrungen eignen sich hier besonders Patienten, deren klinische Symptomatik sich so stark stabilisiert hat, dass weder akute Suizidalität noch stark beeinträchtige Aufmerksamkeit oder mangelnder Antrieb der Programmnutzung im Wege stehen. Es hat sich bewährt, Patienten schon während des Aufenthalts in der Klinik den Programmzugang einzurichten und nach Entlassung eine eigenständige Weiternutzung zu ermöglichen. In einigen Kliniken stehen Rechner mit Internetzugang für den Betrieb zur Verfügung, während Patienten in anderen Einrichtungen das Programm auf dem eigenen Computer oder Smartphone nutzen. Die Einführung von Deprexis in Kliniken wird durch einen einführenden Workshop und kontinuierliche Unterstützung durch die Programmhersteller begleitet.

Überbrückung von Wartezeiten und Therapie-Ersatz in unterversorgten Regionen

Patienten müssen in Deutschland durchschnittlich drei Monate auf ein Erstgespräch mit einem Psychotherapeuten warten; bis zu Beginn der Therapie vergehen im Schnitt weitere drei Monate (Bundespsychotherapeutenkammer (BPtK), 2011). Es scheint naheliegend, diesen Patienten während der Wartezeit hilfreiche Übungen zu vermitteln. Zu bedenken ist jedoch, dass Patienten, die sich um eine Psychotherapie bemühen, potenziell wenig motiviert sein dürften, ein Online-Patientenprogramm anstatt der ersehnten persönlichen Zuwendung zu erhalten. Eine adäquate Aufklärung und motivationale Unterstützung erscheinen deshalb besonders wichtig. Ein solcher Einsatz könnte dazu beitragen, Versorgungslücken zumindest zum Teil zu beheben, wobei noch keine Studie vorliegt, die spezifisch die Wirksamkeit von Deprexis bei diesen Patienten untersucht.

Zusammenfassung und Ausblick

Online-Patientenprogramme haben in den im vergangenen Jahrzehnt durchgeführten Studien eindeutig ihr Potenzial gezeigt (Andrews & Williams, 2014; Cuijpers et al., 2011; Johansson & Andersson, 2012). In einigen Ländern gehören sie bereits zum Standardrepertoire und auch in Deutschland werden sie von vielen Betroffenen positiv angenommen. Aufgrund vielfältiger Faktoren nimmt es viel Zeit in Anspruch, bis nützliche und wirksame Interventionen in der psychiatrisch-psychotherapeutischen Praxis breitflächig eingesetzt werden. Zu den Gründen dieses langsamen Transfers mögen Berührungsängste bzw. die »Angst vor dem Unbekannten« zählen, außerdem die Befürchtung der Übernahme der eigenen Tätigkeit durch Computer bzw. das Internet (bis hin zur defensiv-aggressiven »Territoriumsverteidigung«), Skepsis bezüglich der Wirksamkeit, prinzipielle Ablehnung technischer psychotherapienaher Interventionen (»nicht ohne die Beziehung!«) und weitere Gründe – bis hin zu der Sorge, dass internetbasierte Patientenprogramme das »Ende der Aufklärung« einläuten (Hardt, 2013).

Dem stehen jedoch viele Psychiater, Psychologen und Psychotherapeuten gegenüber, die in Online-Patientenprogrammen nicht mehr und nicht weniger als ein weiteres sinnvolles Werkzeug sehen, welches – mit Verantwortung und klinischer Expertise eingesetzt – zum Patientenwohl und zur Steigerung der Versorgungsqualität beitragen kann (Andersson & Titov, 2014; Andrews & Titov, 2010; Andrews & Williams, 2014; Titov, 2011). Mit Deprexis steht ein ausgereiftes Programm zur Verfügung, welches mit guter Evidenz in der deutschen Versorgungslandschaft aufwarten kann. Es ist zu erwarten, dass in den kommenden Jahren viele weitere Online-Programme Einzug in die therapeutische Praxis erhalten bzw. darauf drängen, an diesem Markt teilzuhaben. Qualitätssicherungsstandards und belastbare Evidenz werden hier eine immer wichtigere

Rolle spielen, um dem Problem eines Wildwuchses mangelhafter oder potenziell schädlicher Programme zu begegnen (Boettcher et al., 2014; Proudfoot et al., 2011).

Fazit für die Praxis

Moderne Online-Patientenprogramme wie Deprexis gehen über psychoedukative Inhalte hinaus und können durch Förderung der Selbstmanagementfähigkeiten zur Symptomremission bei Depressionen beitragen. Diese Programme sollten aber nicht unkritisch oder unbedacht eingesetzt werden: Die Wirksamkeit ihres therapeutischen Einsatzes sollte in mehreren von den Entwicklern unabhängigen Studien belegt worden sein. Mit Deprexis steht ein inhaltlich schwerpunktmäßig kognitiv-verhaltenstherapeutisch ausgerichtetes Programm zur Verfügung, das in bisher sechs publizierten randomisiert-kontrollierten Studien mit guten Ergebnissen erforscht wurde. Das Programm soll nach Diagnosestellung idealerweise von einem approbierten Psychologischen Psychotherapeuten oder einem Facharzt eingesetzt werden und kann mit psychotherapeutischer oder pharmakotherapeutischer Behandlung kombiniert werden. Der Einsatz von Deprexis als zusätzliches Element einer stationären, tagesklinischen oder ambulanten psychiatrisch-psychotherapeutischen Behandlung erscheint nach der Evidenzlage gut möglich und erweist sich für viele Patienten nach bisherigen Erfahrungen als sinnvoll.

Danksagung

Die Autoren danken Prof. Dr. Martin Hautzinger für die kritische Durchsicht und konstruktive Anmerkungen zu dem Artikel.

Literatur

Andersson, G. B. T. (2013). Internet-based treatments – Experiences from Sweden. *Verhaltenstherapie, 23*(3), 211–214.

Andersson, G., Carlbring, P., Berger, T., Almlöv, J. & Cuijpers, P. (2009). What makes internet therapy work? *Cognitive Behaviour Therapy, 38*(S1), 55–60.

Andersson, G. & Titov, N. (2014). Advantages and limitations of Internet based interventions for common mental disorders. *World Psychiatry, 13*(1), 4–11.

Andrews, G., Cuijpers, P., Craske, M. G., McEvoy, P. & Titov, N. (2010). Computer therapy for the anxiety and depressive disorders is effective, acceptable and practical health care: a meta-analysis. *PLoS ONE, 5*(10), e13196.

Andrews, G. & Titov, N. (2010). Is internet treatment for depressive and anxiety disorders ready for prime time? *Medical Journal of Australia, 192*,(11), 45–48.

Andrews, G. & Williams, A. D. (2014). Up-scaling clinician assisted internet cognitive behavioural therapy (iCBT) for depression: A model for dissemination into primary care. *Clinical Psychology Review*, doi:10.1016/j.cpr.2014.05.006.

Arnberg, F. K., Linton, S. J., Hultcrantz, M., Heintz, E. & Jonsson, U. (2014). Internet-delivered psychological treatments for mood and anxiety disorders: A systematic review of their efficacy, safety, and cost-effectiveness. *PLoS ONE, 9*(5), e98118.

Bauer, S., Golkaramnay, V. & Kordy, H. (2005). E-Mental-Health. *Psychotherapeut, 50*(1), 7–15.

Bennett-Levy, J., Richards, D. A. & Farrand, P. (2010). Low intensity CBT interventions: A revolution in mental health care. In J. Bennett-Levy, D. A. Richards, P. Farrand, H. Christensen, K. M. Griffiths, D. J. Kavanaugh, B. Klein, M. A. Lau, J. Proudfoot, L. Ritterband, J. White & C. Williams (Hgs.), *Oxford Guide to Low Intensity CBT Interventions* (S. 3–18). New York, NY: Oxford University Press.

Berger, T., Hämmerli, K., Gubser, N., Andersson, G. & Caspar, F. (2011). Internet-based treatment of depression: A randomized controlled trial comparing guided with unguided self-help. *Cognitive Behaviour Therapy, 40*(4), 251–266.

Boettcher, J., Rozental, A., Andersson, G. & Carlbring, P. (2014). Side effects in Internet-based interventions for Social Anxiety Disorder. *Internet Interventions, 1*(1), 3–11.

Bower, P., Kontopantelis, E., Sutton, A., Kendrick, T., Richards, D., Gilbody, S., Knowles, S., Cuijpers, P., Andersson, G., Christensen, H., Meyer, B., Huibers, M., Smit, F., van Straten, A., Warmerdam, L., Barkham, M., Bilich, L., Lovell, K. & Liu, E. T.-H. (2013). Influence of initial severity of depression on effectiveness of low intensity interventions: meta-analysis of individual patient data. *BMJ: British Medical Journal, 346*, f540.

Bundespsychotherapeutenkammer (BPtK) (2011). Suche nach einem Psychotherapeuten häufig vergeblich. Neue BPtK-Studie: Erhebliche Unterversorgung psychisch kranker Menschen. http://www.bptk.de/uploads/media/110622_BPtK-PM_Wartezeiten-in-der-Psychotherapie.pdf (11.12.2014).

Christensen, H., Calear, L. A., Andersson, G., Thorndike, P. F. & Tait, J. R. (2012). Beyond efficacy: The depth and diversity of current Internet interventions. *J Med Internet Res, 14*(3), e92.

Clark, D. M. (2011). Implementing NICE guidelines for the psychological treatment of depression and anxiety disorders: The IAPT experience. *International Review of Psychiatry, 23*(4), 318–327.

Cuijpers, P., Donker, T., van Straten, A., Li, J. & Andersson, G. (2010). Is guided self-help as effective as face-to-face psychotherapy for depression and anxiety disorders? A systematic review and meta-analysis of comparative outcome studies. *Psychological Medicine, 40*(12), 1943–1957.

Cuijpers, P., Donker, T., Johansson, R., Mohr, D. C., van Straten, A. & Andersson, G. (2011). Self-guided psychological treatment for depressive symptoms: A meta-analysis. *PLoS ONE, 6*(6), e21274.

DGPPN, BÄK, KBV, AWMF, AkdÄ, BPtK et al. (2009). *S3-Leitlinie/Nationale VersorgungsLeitlinie Unipolare Depression-Langfassung*. 1. Auflage. Berlin, Düsseldorf: DGPPN, ÄZQ, AWMF. www.dgppn.de, www.versorgungsleitlinien.de, www.awmf-leitlinien.de (05.01.2015)

Eichenberg, C. (2008). Bedeutung der Medien für klinisch-psychologische Interventionen. In B. Batinic & M. Appel (Hrsg.), *Medienpsychologie* (S. 503–530). Berlin: Springer.

Eysenbach, G. (2005). The law of attrition. *J Med Internet Res, 7*(1), e11.
Fischer, A., Schröder, J., Vettorazzi, E., Wolf, O.T., Pöttgen, J., Lau, S., Heesen, C., Moritz, S. & Gold, S.M. (2015). Efficacy of an internet-based treatment program for depression in multiple sclerosis: A randomized controlled trial. *The Lancet Psychiatry*. DOI: http://dx.doi.org/10.1016/S2215-0366(14)00049-2
Fournier, J.C., DeRubeis, R.J., Hollon, S.D., Dimidjian, S., Amsterdam, J.D., Shelton, R.C. et al. (2010). Antidepressant drug effects and depression severity: A patient-level meta-analysis. *JAMA: Journal of the American Medical Association, 303*(1), 47–53.
Grawe, K. (2004). *Neuropsychotherapie*. Göttingen: Hogrefe.
Hardt, J. & Ochs, M. (2012). »Internettherapie« – Chancen und Gefahren – eine erste Annäherung. *Psychotherapeutenjournal, 2/2011,* 28–32.
Hardt, Jürgen (2013). Psychotherapie unter Herrschaft des Man – Subjekt und Beziehung in der Internettherapie. http://lppkjp.de/wp-content/uploads/2013/11/Psychotherapie-unter-Herrschaft-des-Man-II-2.pdf (05.01.2015).
Harwood, T.M. & L'Abate, L. (2010). *Self-help in mental health: A critical review*. New York: Springer Science + Business Media.
Hayes, S.C. & Lillis, J. (2012). *Acceptance and commitment therapy*. Washington, DC: American Psychological Association.
Hayes, S.C., Villatte, M., Levin, M. & Hildebrandt, M. (2011). Open, aware, and active: Contextual approaches as an emerging trend in the behavioral and cognitive therapies. *Annual Review of Clinical Psychology, 7,* 141–168.
Hohagen, F. (2009). Internetbasierte Psychotherapieprogramme – gefährden sie die therapeutische Beziehung in Psychiatrie und Psychotherapie? *Fortschritte der Neurologie, Psychiatrie, 77*(9), 493.
Johansson, R. & Andersson, G. (2012). Internet-based psychological treatments for depression. *Expert Review of Neurotherapeutics, 12*(7) 861–870.
Klein, J.P., Berger, T., Schröder, J., Späth, C., Meyer, B., Caspar, F. et al. (2013). The EVIDENT-trial: protocol and rationale of a multicenter randomized controlled trial testing the effectiveness of an online-based psychological intervention. *BMC psychiatry, 13,* 1–10.
Krebs, P., Prochaska, J.O. & Rossi, J.S. (2010). A meta-analysis of computer-tailored interventions for health behavior change. *Preventive Medicine: An International Journal Devoted to Practice and Theory, 51,* 214–221.
Lambert, M.J., Whipple, J.L., Hawkins, E.J., Vermeersch, D.A., Nielsen, S.L. & Smart, D.W. (2003). Is it time for clinicians to routinely track patient outcome? A meta-analysis. *Clinical Psychology: Science and Practice, 10*(3), 288–301.
Löwe, B., Kroenke, K., Herzog, W. & Gräfe, K. (2004). Measuring depression outcome with a brief self-report instrument: sensitivity to change of the Patient Health Questionnaire (PHQ-9). *Journal of Affective Disorders, 81*(1), 61–66.
Luborsky, L., Diguer, L., Seligman, D.A., Rosenthal, R., Krause, E.D., Johnson, S. et al. (1999). The researcher's own therapy allegiances: A »wild card« in comparisons of treatment efficacy. *Clinical Psychology: Science and Practice, 6*(1), 95–106.
Lustria, M.L., Cortese, J., Noar, S.M. & Glueckauf, R.L. (2009). Computer-tailored health interventions delivered over the web: Review and analysis of key components. *Patient Education and Counseling, 74*(2), 156–173.
Meyer, B., Berger, T., Caspar, F., Beevers, C.G., Andersson, G. & Weiss, M. (2009). Effectiveness of a novel integrative online treatment for depression (deprexis): Randomized controlled trial. *Journal of Medical Internet Research, 11*(2), e15.

Meyer, B., Bierbrodt, J., Schröder, J., Berger, T., Beevers, C. G., Weiss, M., Jacob, G., Späth, C. Andersson, G., Lutz, W., Hautzinger, M., Löwe, B., Rose, M., Hohagen, F., Caspar, F., Greiner, W., Moritz, S. & Klein, J. P. (2015). Effects of an Internet intervention (Deprexis) on severe depression symptoms: Randomized controlled trial. *Internet Interventions, 2*(1), 48–59. http://dx.doi.org/10.1016/j.invent.2014.12.003 (05.01.2015).

Meyer, B., Jacob, G. & Weiss, M. (2014). Depressionsbehandlung – wie wirksam sind internetbasierte Programme? *NeuroTransmitter, 25*(4), 48–59.

Meyer, B., Navarro Schmidt, N., Berger, T. & Weiss, M. (2011). Early identification of treatment success or failure in patients using the computer-based psychotherapy program »Deprexis«. In *SPR: Program – 42nd Annual Meeting June 29 to July 2, 2011, Bern, Switzerland*, S. 48. http://c.ymcdn.com/sites/www.psychotherapyresearch.org/resource/resmgr/imported/events/bern/downloads/program_16_05_2011_a5.pdf (05.01.2015).

Meyer, B., Pilkonis, P. A., Krupnick, J. L., Egan, M. K., Simmens, S. J. & Sotsky, S. M. (2002). Treatment expectancies, patient alliance and outcome: Further analyses from the National Institute of Mental Health Treatment of Depression Collaborative Research Program. *Journal of Consulting and Clinical Psychology, 70*(4), 1051–1055.

Moritz, S., Schilling, L., Hauschildt, M., Schröder, J. & Treszl, A. (2012a). A randomized controlled trial of internet-based therapy in depression. *Behaviour Research and Therapy, 50*(7), 513–521.

Moritz, S., Schröder, J., Meyer, B. & Hauschildt, M. (2012b). The more it is needed, the less it is wanted: Attitudes toward face-to-face intervention among depressed patients undergoing online treatment. *Depression and Anxiety, 30*(2), 157–167.

National Institute for Health and Clinical Excellence (2009). Depression: the treatment and management of depression in adults (partial update of NICE clinical guideline 23). http://www.nice.org.uk/guidance/CG90 (05.01.2015).

Noar, S. M., Benac, C. N. & Harris, M. S. (2007). Does tailoring matter? Meta-analytic review of tailored print health behavior change interventions. *Psychological Bulletin, 133*(4), 673–693.

Proudfoot, J., Klein, B., Barak, A., Carlbring, P., Cuijpers, P., Lange, A., Ritterband, L. & Andersson, G. (2011). Establishing guidelines for executing and reporting internet intervention research. *Cognitive Behaviour Therapy, 40*(2), 82–97.

Richards, D. & Richardson, T. (2012). Computer-based psychological treatments for depression: A systematic review and meta-analysis. *Clinical Psychology Review, 32*(4), 329–342.

Ryan, R. M. & Deci, E. L. (2008). A self-determination theory approach to psychotherapy: The motivational basis for effective change. *Canadian Psychology/Psychologie canadienne, 49*(3), 186–193.

Schröder, J., Brückner, K., Fischer, A., Lindenau, M., Köther, U. & Moritz, S. (2014). Efficacy of a psychological online intervention for depression in people with epilepsy: A randomized controlled trial. *Epilepsia, 55*. doi: 10.1111/epi.12833.

Seligman, M. E. P., Steen, T. A., Park, N. & Peterson, C. (2005). Positive psychology progress: Empirical validation of interventions. *American Psychologist, 60*(5), 410–421.

Shapiro, J. R. & Bauer, S. (2010). Use of short message service (SMS)-based interventions to enhance low intensity CBT. In J. Bennett-Levy, D. A. Richards, P. Farrand, H. Christensen, K. M. Griffiths, D. J. Kavanaugh, B. Klein, M. A. Lau, J. Proudfood, L. Ritterband, J. White & C. Williams (Hrsg.), *Oxford guide to low intensity CBT interventions* (S. 281–286). New York: Oxford University Press.

Snyder, C. R., Michael, S. T. & Cheavens, J. S. (1999). Hope as a psychotherapeutic foundation of common factors, placebos, and expectancies. In M. A. Hubble, B. L. Duncan & S. D. Miller

(Hrsg.), *The heart and soul of change: What works in therapy* (S. 179–200). Washington, DC: American Psychological Association.

Stiles, W. B., Honos-Webb, L. & Surko, M. (1998). Responsiveness in psychotherapy. *Clinical Psychology: Science and Practice, 5*(4), 439–458.

Titov, N. (2011). Internet-delivered psychotherapy for depression in adults. *Current Opinion in Psychiatry, 24*(1), 18–23.

Vom Erleben und Arbeiten zwischen den Zeilen

Professionelle Beratungsbeziehungen im Kontext der bke-Onlineberatung

Barbara Evangelou & Eduard Hild

Ausgehend von einigen theoretischen Überlegungen zur Existenz professioneller Beziehungsgestaltung im Rahmen von Mailberatung werden anhand ausgewählter Fallschilderungen Unterschiede zur und Gemeinsamkeiten mit der Face-to-Face-Beratung herausgearbeitet und exemplarisch besondere Chancen ebenso wie Grenzen der Mailberatung dargestellt. Hierzu wird zunächst die Struktur der Onlineberatung der Bundeskonferenz für Erziehungsberatung (bke-Onlineberatung), auf deren Basis die berichteten Erfahrungen und Fallbeispiele entstanden sind, kurz vorgestellt.

Die bke-Onlineberatung

Die bke-Onlineberatung ging 2004 nach einem Beschluss der Jugendministerkonferenz im Jahr zuvor als bundesweites virtuelles Beratungsangebot ins Netz. Im Jahr 2013 zählte sie 179.400 Besucher (Bundeskonferenz für Erziehungsberatung, 2014). Die mitwirkenden Beratungsstellen stellen Fachkräfte für eine vereinbarte Zahl von Wochenstunden zur Mitarbeit frei – 2013 waren es 84 BeraterInnen aus 14 Bundesländern. Die übergeordnete Struktur der bke-Onlineberatung besteht aus Stellenleitung und Overhead, der sich aus fünf Koordinatoren mit unterschiedlichen Zuständigkeiten zusammensetzt.

Für die Rat suchenden Jugendlichen und Eltern ist das Angebot kostenfrei und unterliegt den üblichen Standards der Beratungsarbeit (Schweigepflicht, ethische Richtlinien von Beratung etc.) sowie den höchstmöglichen technischen Sicherheitsstandards. Ergänzt ist dies durch die Anonymität der Ratsuchenden und der Berater. Alle Beteiligten arbeiten ausschließlich mit Nicknamen, sodass keinerlei Rückschluss auf die persönliche Identität möglich ist. Hiermit konstituiert sich die bke-Onlineberatung als ein eigenständiges, im deutschsprachigen Raum bisher einzigartiges Online-Beratungssystem. Keine andere psychosoziale Beratungseinrichtung im Netz verfügt über ein vergleichbar großes und professionelles multidisziplinäres Team (Bundeskonferenz für Erziehungsberatung, 2014).

Die Beratungsplattform beinhaltet eine Eltern- und eine Jugendseite, die beide die gleichen Angebote vorhalten: Mailberatung, Gruppenchats, Themenchats, Forum und Einzelchats im Rahmen einer offenen Sprechstunde. Überschneidungen der Eltern- und der Jugendlichen-Community (Community meint »virtuelle Gemeinschaft«) gibt es bei gemeinsamen Eltern-Jugend-Chats und im Rahmen der Forumsfunktion »Die offene Tür«, die sowohl von Eltern als auch von Jugendlichen genutzt werden kann.

Die virtuelle Teamkultur sieht Intervision, Supervision und fachspezifischen Austausch als Standard der Beratungsarbeit vor. Alle BeraterInnen sind langjährig im Feld der Erziehungsberatung tätig und verfügen über therapeutische Zusatzqualifikationen. Hinzu kommt zum Einstieg eine ausführliche Schulung zu den Besonderheiten der internetbasierten Beratungsmethodik und deren technischer Umsetzung sowie auf die jeweiligen Angebots- bzw. Beratungsformen bezogene Mentorate.

Jeglicher Austausch – sowohl zwischen den Ratsuchenden und den Fachkräften als auch der interne unter den Beratern – findet nur über das Beratungssystem statt, das den höchstmöglichen Anforderungen an Datenschutz nachkommt.

Im vorliegenden Beitrag gehen wir ausschließlich auf Mailberatung ein, also eine kontinuierliche schriftgestützte Beratung im Einzelsetting. Bevor anhand von Fallvignetten einzelne Aspekte von Beratungsbeziehungen beleuchtet werden, werden grundsätzliche Überlegungen zur Existenz und Wirkweise von Beziehungen via Internet vorangestellt.

Zur Beziehungsgestaltung in der Onlineberatung

Unter Theoretikern der Onlineberatung scheint Beziehung als Element und Wirkfaktor dieser Beratungsform umstritten zu sein – dies reicht bis hin zur Leugnung der Möglichkeit von Beratungsbeziehungen in einer Onlineberatung. Lang beschreibt dies folgendermaßen: »Auf der anderen Seite stehen eher Leute mit theoretischen Überlegungen, die den Beziehungscharakter der Onlineberatung in Abrede stellen. Offensichtlich wird etwas erfahren, was man theoretisch nicht vermuten würde« (Lang, 2002, S. 6).

Die Möglichkeit von Beziehung in der anonymen kanalreduzierten (schriftbasierten) Onlineberatung wird teilweise rundweg bestritten. Engelstädter und Schierbaum (2008) vertreten die Auffassung, dass die Anonymität der Onlineberatung ein Strukturproblem in der Kommunikation zwischen Ratsuchendem und Beratungsfachkraft erzeuge. Dadurch werde die Aufnahme einer Beziehung zwischen ihnen verhindert. Insbesondere stelle Mailberatung in ihrer reinen Schriftlichkeit keine personale Begegnung dar und könne daher dem Anspruch einer professionellen Beratung nicht gerecht werden.

Dieser Theorie liegt anscheinend das Axiom zugrunde, dass die Wahrnehmung des räumlich kopräsenten Anderen auf möglichst allen Sinneskanälen notwendige Grundlage jeder »personalen Begegnung« und somit auch einer Beratungsbeziehung ist. Eine solche Vorstellung entspricht zwar der allgemeinen Alltagserfahrung von Beziehungen, lässt aber die Frage offen, wie es kommen kann, dass in Onlineberatungen sowohl Ratsuchende als auch BeraterInnen gleichermaßen Beziehungsvariablen in der Beratung erkennen lassen oder explizit von einer Beziehung sprechen.

Aus der Sicht der Praxis werden im Folgenden Argumente für die Existenzmöglichkeit und Wirkung von Beziehung zwischen Ratsuchenden und Beratern im Online-Setting vorgeschlagen, insbesondere unter dem Aspekt ihrer selbstreproduktiven Entwicklung aus dem Beratungsdialog heraus.

Nicht jede Beratungsanfrage oder Problemstellung erfordert zu ihrer Bearbeitung eine besondere Beziehungsentwicklung: Bloße Sachanfragen, etwa zur Schweigepflicht von Beratern, werden beantwortet, ohne dass die Person des Fragenden in der Beantwortung thematisiert werden muss bzw. ein Beziehungsangebot zum Ratsuchenden zwingend erforderlich wäre. Ein Bedarf für den Wirkfaktor Beziehung und ein entsprechendes subjektives Bedürfnis danach beim Ratsuchenden ist aber dann zu vermuten, wenn die dargestellte Problemlage und die Selbstdarstellung eines Ratsuchenden eine zeitlich ausgedehntere und strategisch elaborierte Beratung zu erfordern scheint. Besonders Jugendliche suchen häufig Begleitung und damit auch Beziehung.

> *Sabrina:* »Mein Leben ist sinnlos, ich bin sinnlos, alles ist sinnlos. :(Ich bin dumm, ich bin wertlos, ich bin ein Niemand. Die zeit vergeht ... doch nichts passiert. Habe Angst vor der Zukunft. Will von hier weg. Will ein anderes Leben leben. Ich hasse es und ich hasse mich. in gewisser Weise. Es ist so sinnlos. Wenn ihr das lest, werdet ihr mich auch sinnlos finden. Das reicht mir auch schon, wenn ihr mir das bestätigt. Mein Leben muss eh enden. Nur wie? Ich bin zu feige, ich gebe es zu. sinnlos, feige, dumm, wertlos, ein Niemand ... Wer will damit

leben?! Ich nicht. Ich weiß nicht mehr, was ich noch tun soll ... diese Angst, dieser Schmerz ... Zu viel Scheiße, einfach zu viel Scheiße ... WIE SOLL DAS WEITERGEHEN?«

Eine solche Erstanfrage erfordert für die Exploration ein behutsames Herantasten an die Absenderin und deren Lebenssituation. Ein simpler »Ratschlag« ist hier nicht möglich. Vertrauensentwicklung ist ein wesentlicher Aspekt der Online-Beziehungsentwicklung – analog zur Face-to-Face-Beratung. Vor allem jugendliche Klienten, deren offenbarte Probleme (Traumata, Essstörungen, Missbrauch, Mobbing, Verlusterlebnisse, Suizidalität etc.) von einer Größenordnung sind, die die normalen Alltagsfunktionen (Schule, Beziehungen zu Gleichaltrigen etc.) beeinträchtigen oder gefährden, bedürfen einer behutsamen Vertrauensbildung. Solche Jugendliche ringen nicht nur um ihre Person und ihre Zukunft, sondern häufig auch um die Gültigkeit und Verlässlichkeit ihrer Beziehungen und um Zugehörigkeit in ihren realen sozialen Systemen. Das bedeutet jedoch nicht, dass sie sich ihres objektiven Beziehungsbedarfes für den Beratungserfolg auch als ihres subjektiven Bedürfnisses bewusst wären.

Beziehung als Wirkfaktor

Die beraterisch-therapeutische Beziehung allgemein gilt als wesentlicher, wenn nicht als der Hauptwirkfaktor in Therapien. Für Beziehungen im Setting ambulanter oder stationärer Therapien liegen Forschungsergebnisse vor, die ihre Wirkung in der Therapie belegen: Der Hauptanteil der Wirkung von Psychotherapie ist auf Beziehungsvariablen zurückzuführen und nur ein geringer Anteil ist der Methode geschuldet (vgl. Lambert & De Julio, 1983, zit.n. Tscheulin, 1992).

Grawe fasst die Bedeutung einer »maßgeschneiderten komplementären Beziehungsgestaltung« als therapeutische Strategie, die dem Klienten »positive Wahrnehmungen im Hinblick auf sein Bindungsbedürfnis, sein Kontrollbedürfnis, sein Bedürfnis nach Selbstwerterhöhung und sein Lustbedürfnis« ermöglicht (Grawe, 2004, S. 407ff.).

Für Praktiker der Onlineberatung ist es evident, dass es im Verlauf der Beratung zu relativ intensiven Beratungsbeziehungen kommen kann, obwohl die Beteiligten voreinander anonym bleiben und einander nur vermittelt durch ihre Texte – als Manifestationen ihrer realen Persönlichkeiten – begegnen. Die Dialogpartner bringen ihre Beziehung ausschließlich in schriftlicher Kommunikation hervor, zunächst als Begleiterscheinung ihres ersten sachbezogen-konkreten Austausches in Bezug auf das Hilfebegehren des Klienten. Allmählich entwickelt sich für beide ein ideelles (nicht ideales!) personales Gegenüber, dem bestimmte Eigenschaften – mittels Projektion – unterstellt werden. Der Andere wird zunehmend als Persönlichkeit erschlossen, indem bewusst oder unbewusst stets Aspekte der Persönlichkeit und ihrer aktuellen Verfassung kommuniziert werden (vgl. Schulz von Thun, 1981).

Auf das Vorhandensein einer Beziehung in der schriftbasierten Beratung kann geschlossen werden, wenn neben dem sachlichen Inhalt das Kommunikationsbeziehungsverhalten im engeren Sinn sichtbar wird. Dann nimmt die Sprache eine persönliche Färbung an (Yasemin: »Dir ganz liebe Grüße und ich hoffe, ich habe dir nicht zu viel zugemutet heute«[1]). Die Sprache erscheint »mündlich« und alltagssprachlich (Lukas: »Mir ist was Blödes dazwischen gekommen«, »Au weia, das hab' ich vergessen«). Die Selbstoffenbarung wirkt ohne direkten Zusammenhang mit dem Beratungsziel (Anna: »und dir wünsche ich ein schönes Wochenende«). Gefühle in Bezug auf den Gesprächspartner werden direkt ausgesprochen (Samy: »Stattdessen kommt es mir so vor als würden dich meine Nachrichten ankotzen« bzw. Berater: »wenn ich höre, wie die mit Dir umgegangen sind, sträuben sich mir die Nackenhaare«). Oftmals wird die Beziehung auch direkt oder implizit angesprochen (Alex: »Denk ab und zu mal an mich ... Vielleicht auch, weil ich eh grad wieder down bin aber ich muss grad echt heulen, weil ich mir nicht vorstellen kann, dass die Beratung irgendwann zu Ende ist bzw. wir halt nicht mehr schreiben«).

Anonymität schließt Beziehungsentwicklung nicht aus. Anonymität bedeutet in diesem Kontext lediglich, dass der Sender einer Botschaft nicht sinnlich erfahrbar ist und der einzige Beleg seiner realen Existenz die Botschaft selbst ist. Die Sicherheit, dass eine Botschaft einen Absender hat, gehört zum Inventar des »Weltwissens« jedes psychisch gesunden Empfängers (vgl. Weingarten & Günther, 1998). Ein anonymer Berater kann hier zwar nicht als visuelles und auditives Abbild repräsentiert werden, doch das verhindert nicht einen bedeutungsvollen Dialog mit ihm von »Mensch zu Mensch«.

Die Bedeutung der Mailberatung besteht für den Ratsuchenden darin, den Weg zum Ziel gemeinsam zu finden und gangbar zu machen. Dies geschieht oft unter Überwindung von Schuld- und Schambarrieren und mit großem, sich erweitert reproduzierendem Vertrauen. Für den Berater besteht dies vor allem in der schriftsprachlichen Realisation seiner Kompetenzen, für den Ratsuchenden in der erwünschten Veränderung seiner Lage auf Basis seiner Ressourcen. Das

---

[1] Die zitierten Fallbeispiele stammen aus der bke-Onlineberatung.

Ausmaß der subjektiv empfundenen Bedeutung der Beratung dürfte mit der Stärke des Beziehungserlebens korrelieren.

Der klare Vorteil der Face-to-Face-Beratung liegt in der Möglichkeit, alle Aspekte der Kommunikation des Gegenübers (Kleidung, Veränderungen in Körpersprache, Mimik, Stimme, autonome Reaktionen wie zum Beispiel Erröten, Muskeltonus u. a. m.) wahrzunehmen und diese als Hinweise auf die Persönlichkeit und deren aktuelle Verfassung zu nutzen und damit der Decodierung seiner Nachricht zu dienen. Auch dürfte die primär in der Kopräsenz mögliche gegenseitige aktuelle Aktivierung von Spiegelneuronen (Bischof, 2009) die Einfühlung in das Gegenüber spezifisch unterstützen. Man kann sich schneller auf den anderen einstellen, mit ihm »schwingen« und nötigenfalls sofortige Korrekturen der vorangegangenen »Sendung« vornehmen. Auch die aktive Nutzung nonverbalen Ausdrucksverhaltens (wie Dämpfen oder Anheben der Stimme, Mimik des Ratsuchenden usw.) gehört zu dem Vorteil einer größeren Bandbreite bedeutungsvermittelnder Signale im kopräsenten Setting, die die Brücke vom Gemeinten zum Verstandenen zu schlagen helfen. In der Nähe entsteht das »innere Gegenüber«.

Das Fehlen sinnlicher Inputs, die die semantische Bedeutungsübermittlung unterstützen oder korrigieren können, kann mit nachhaltigen schriftsprachlichen Mitteln teilweise ausgeglichen werden. Dies geschieht häufig auch über die Verwendung von Emoticons (Smileys) (gothicangel: »Mein Vater kam gestern zurück :(, jetzt isses vorbei mit der Ruhe«).

Ratsuchender und Berater[2] wissen, dass auf der anderen Seite ein lebendiger Mensch »aus Fleisch und Blut« an seinem Rechner sitzt. Seine schriftlichen Botschaften sind die einzigen verfügbaren Manifestationen der Person für den Empfänger. Der Mensch, dem ich in seinen Texten begegne, gewinnt im Laufe der Kommunikation an Bedeutung und damit geht häufig auch das Bedürfnis einher, ihn als nahestehende Person wahrzunehmen. Beide Dialogpartner tendieren dazu, sich ein Modell des anderen zu konstruieren und es je nach neuen Informationen zu korrigieren (»Waaaas, Du bist schon 60? Ich hab mir Dich viel jünger vorgestellt!!!«). Diese jeweils subjektiven Modelle werden (unbewusst oder bewusst) in der weiteren Kommunikation korrigiert und durch den Ratsuchenden um weitere Akzente ergänzt (z. B.: humorvoll, Bevormunder, sensibel, verständnislos, drischt fachchinesische Floskeln, klingt wie mein RL-Berater, spricht Psychojargon u. v. m.).

Gleiches geschieht aufseiten des Beraters. Auch er konstruiert sich sein Modell der Person des Ratsuchenden (Abiturient, Sportler, gut in Deutsch, eloquent,

---

2 Hierbei sind stets beide Geschlechter gemeint.

angenehm oder unangenehm im Kontakt usw.) und ein Modell des Problems (reale soziale Situation, Autonomiekonflikt, Bindungsstörung etc.). Miteinander verknüpft ergeben diese Konstruktionen des jeweiligen Gegenübers das sich gleitend verfeinernde – in weiten Teilen unbewusst bleibende – subjektive »innere« Arbeitsmodell vom Ratsuchenden in seiner Situation.

Ratsuchender und Berater beziehen sich nicht auf die »wahre Person« da draußen, sondern auf ihr subjektives Modell des kognitiv geschlussfolgerten und/oder konstruierten internalen Phänomens »Berater da draußen in seiner Welt« und »Klient da draußen in seiner Welt«. Dies entspricht im realen Leben dem Faktor »bestätigte Erwartung an den Anderen« auf Basis des eigenen subjektiven Modells – oder einem »Sich-Getäuscht-Haben« auf Basis eines relativ unrealistischen Modells des Anderen.

Berater üben sich darin, sich der Tatsache ihres inneren Modells des Ratsuchenden bewusst zu werden und dieses im Blick zu behalten. Dies ist ein wichtiger Faktor für die Aufrechterhaltung der professionellen Distanz. Doch ohne eine solche selbsterzeugte »innere Person des Anderen« käme ein Onlinedialog kaum zustande (Schultze, 2007). Dass eine sprachlich »herüberkommende Nähe« relevant für die Gestaltung der Beratungsbeziehung und funktional für den Beratungszweck sein dürfte (vgl. Koch & Oesterreicher, 1985), hat für Praktiker der Onlineberatung eine hinreichende Plausibilität. Gleichzeitig muss das Risiko eines zu starken Erlebens von Nähe immer im Auge behalten werden. Gerade zu Beginn der Tätigkeit als Onlineberater müssen solche Prozesse gut superviciert bzw. im fachlichen Austausch besprochen werden.

Eine zu große Nähe kann belastend für den Berater werden bzw. den Beratungsprozess unterlaufen oder ihn im ungünstigsten Fall beenden. So kann sich auf der Basis von fehlender professioneller Distanz das beratungsfunktionale Vertrauen zu einer »kommunikativen Vertraulichkeit« entwickeln, die dem Beratungszweck und der passenden Beratungskommunikation eher entgegensteht. Wenn der – in geringem Maße statthafte – Anteil von Themen zunimmt, die nicht zur Beratung gehören, besteht die Gefahr des Abgleitens ins überwiegend private, »brieffreundschaftliche« Schreiben. Die Mailberatung enthält dann einen zu hohen Anteil beratungsferner und beziehungshaltiger Kommunikation. Die Beratungsbeziehung wird zu einer Art »illusionären Ersatzbeziehung« inklusive Übertragungen und Projektionen. Möglicherweise beginnt der Ratsuchende dann auch, die Lösung der Probleme zu fürchten, weil damit das Ende der Beziehung einherginge. So kann er verführt sein, immer neue Facetten »des Problems« zu präsentieren. Auf diese Weise trägt dann diese dysfunktionale »Nähe« zur Aufrechterhaltung der ursprünglich vorgetragenen Probleme bei.

Eine solche Form der Nähe ist für die Beratung nicht nur dysfunktional, sie ist deren Hemmung.

Erlebte Nähe muss stark an die Rückmeldungen des Ratsuchenden gebunden sein, um nicht zu Leichtfertigkeit aufseiten des Beraters zu führen. Ratsuchende könnten möglicherweise aufgrund positiver Empfindungen von Verstanden-Werden und Nähe ihre bewährten und weiterhin wichtigen Vorsichts- und Schutzmechanismen vernachlässigen und erst im Verlauf der Kommunikation entdecken, dass sie versehentlich zu viel preisgegeben haben. Das stellt sich als Verlust von Kontrolle und Sicherung dar. Um zu verhindern, dass es so weit kommt, werden solche Prozesse in stabilen Beratungsverläufen mitkommuniziert:

> »Sag mir, bitte, ob ich wirklich sicher sein kann, Deine für Dich zurzeit wichtigen Grenzen nicht versehentlich zu überschreiten. Dafür brauche ich Deine Unterstützung. Kann ich mich auf Dich verlassen, dass Du mir meldest, wenn es für Dich falsch läuft – und zwar ohne jede Erläuterung oder Rechtfertigung? Dann werde ich mich bemühen, die Beratung entsprechend zu verändern. Ich möchte, dass Du Dich in der Beratung souverän und sicher fühlen kannst. Denn das ist für unsere Zusammenarbeit unbedingt erforderlich«

Die professionelle Distanz ist die Gegenspielerin der professionellen Nähe. Sie hat die allgemeine Kontroll- und Sicherungsfunktion. Professionelle Distanz meint hier in erster Linie die Aufrechterhaltung einer Wahrnehmungsposition der »Draufsicht« des Beraters und in Abhängigkeit von dieser eine Kommunikationsform, die auch dem Ratsuchenden die Einnahme dieser Position ermöglicht. Diese Perspektive zu erhalten bzw. immer wieder herzustellen ist Teil der beraterischen Herausforderung und wird im Kontext von Supervision, Intervision und Weiterbildung geschult.

Möglichkeiten und Grenzen webbasierter Mailberatung

Es folgen Beispiele für lebendige Online-Beratungsbeziehungen, deren Gestaltung, Konflikte und Lösungen. Die Mailberatungstexte sind in ihrer sprachlichen Einzigartigkeit erhalten geblieben, die Identität der Ratsuchenden wird mittels inhaltsbezogener Verfremdung und der Verwendung anderer Nicknames doppelt anonymisiert.

Via Mailberatung können Klientengruppen erreicht werden, die sich jenseits webbasierter Angebote nur schwer erreichen lassen. Gründe hierfür können die fehlende räumliche Erreichbarkeit entsprechender Beratungseinrichtungen, mangelnde zeitliche Ressourcen oder auch Immobilität der Ratsuchenden sein. Gerade im Kontext von »frühen Hilfen« hat die webbasierte Beratung einen besonderen Stellenwert, da frühzeitig Hilfe bei aufkommenden Problemlagen genutzt werden kann, die den Gang in eine Beratungsstelle vor Ort (noch) nicht nötig erscheinen lassen. Hierzu eine Erstanfrage einer Mutter:

> *Renata74:* »Sehr geehrtes Beratungsteam, ich weiß gar nicht ob das wirklich ein Problem ist und ob ich hier richtig bin [...] Mein Sohn Max nässt immer noch ein, er ist ja jetzt fünf geworden in diesem Sommer und kommt auch immer noch nachts zu mir ins Bett. Mein Mann hat uns Knall auf Fall kurz vor Weihnachten verlassen, vielleicht sollten Sie das wissen, spielt auch das eine Rolle? Ansonsten geht Max gerne in die Kita, spielt Fußball und ist ein lieber Kerl. Ich weiß nicht, ob ich einfach warten soll, wie die Erzieherinnen sagen, oder ob ich doch mal was unternehmen sollte? Schließlich kommt er nächstes Jahr dann auch im Sommer in die Schule [...]«

Ein häufig geäußerter Kritikpunkt ist die Hypothese der Selektion der erreichbaren Zielgruppe, da nur akademische, schreibfreudige Klientel diese Beratungsform nutze. Im Hinblick auf die weitverbreitete selbstverständliche Nutzung sozialer Netzwerke, Internetforen etc. lässt sich allerdings klar belegen, dass auch außerhalb dieser Personengruppe keine Hemmung besteht, sich im professionellen Beratungskontext schriftsprachlich zu äußern. Die bke-Onlineberatung erreicht eine sehr heterogene Klientengruppe, innerhalb derer die schriftsprachlichen Fähigkeiten stark variieren. So schreibt eine 33-jährige Mutter in einer Erstanfrage:

> *Doro:* »Meine zwei Söhne (10 und 11 Jahre) verstehen sich in die letzten Monaten überhaupt nicht mehr. Stendig sind sie am streiten was sogar meistens zum brügeln führt. Einer von denen hatte sogar schon ein Loch im Kopf deswegen. wenn ich mit denen drüber reden will kommt nix. Ich weis nicht was ich machen soll [...]«

Eine 14-jährige Jugendliche formuliert ihre Erstanfrage wie folgt:

> *Jennimaus:* »ich bin jenni bin 14 wohne im heim weil ich mit meiner mum stress habe. und ih weiss nicht weiter ih wurde jetzt shon das 2 mal übers internet missbraucht un d ihkann langasamm nicht mehr heute waren wir mit der kloasse schwimmen und jeder hat mih eknorit und wollte nix mit mir machen

auserdem werde ich von den nur erbrest wie wenn du meine hausii nicht machst schlage ich dich ich habe einfach nur jeden tag angst in die schule zu gehen meine betreuer vertehen mih niht und meine lehrerin maht nix ach schweres leben [...]«

Das Eingehen auf das jeweilige Sprachniveau der Klientin erfordert analog zu den Joining-Prozessen in der Face-to-Face-Beratung eine erhöhte Sensibilität im schriftsprachlichen Ausdruck. Die Balance zwischen Fachlichkeit einerseits und Anschlussfähigkeit beim Klienten andererseits muss bei der sprachlichen Gestaltung der Antwort berücksichtigt werden.

Es folgen Auszüge aus einer Mailberatung mit einer 38-jährigen alleinerziehenden Mutter einer 8-jährigen Tochter, die über einen längeren Zeitraum lief und verschiedene Aspekte von Mailberatung gut veranschaulicht. Ein Fokus liegt dabei auf der Fragestellung, wie eine Konfliktsituation in der Beratung zu einer Auseinandersetzung mit eigenen inneren Themen, zur Erprobung neuer Denk- und Verhaltensmuster und damit zu korrigierenden (Beziehungs-)Erfahrungen führen kann.

Die Grundlage bildet eine tragfähige, von Wertschätzung und professioneller Nähe-Distanz-Regulation geprägte Beratungsbeziehung. Wir steigen mitten in den Beratungsprozess ein, in dem das vergangene Weihnachtsfest im Kreis der Herkunftsfamilie und das diesbezügliche Erleben der Klientin reflektiert wird.

> *Beraterin:* »Ihre letzte Antwort hat mich sehr beeindruckt. Sie analysieren mit großer Ernsthaftigkeit und angemessener innerer Distanz die Geschehnisse an Weihnachten und unterscheiden sehr differenziert zwischen äußeren Umständen und den inneren Konflikten.
>
> [...] Was mir sehr deutlich geworden ist, ist, dass Sie sich im Familienkreis auf eine ›alte Rolle‹ festgelegt erleben, an der Sie aber in der Zwischenzeit hart und erfolgreich gearbeitet haben – Ihre Familie hat sich aber nicht mit Ihnen verändert. Dadurch gab es wenig Spiel- und Freiraum für Sie und mit zunehmender Zeitdauer steigen der Druck, das Unwohlsein und Ihre erlebte Hilflosigkeit immens an. [...] Vielleicht könnte es hilfreich sein, für die nächsten Familienbesuche noch einmal zu schauen, was und in welcher Dosierung Sie sich und Ihrer Tochter zumuten können und was Sie auch aushalten können. [...] Dazu gehört es dann möglicherweise auch, sich von dem Wunsch nach ›schöne Weihnachten mit allen aus der Familie‹ zu verabschieden – vielleicht ist dies momentan und auch in Zukunft nicht das Modell, das gut realisierbar ist?«

Das Verwenden von Metaphern durch den Berater kann in der schriftgestützten Kommunikation Verhaltensmuster und innere Welten illustrieren, doch ebenso zu Missverständnissen oder problemverstärkender Interpretation führen. Dies geschieht etwa bei mangelnder Strukturanalogie von Metapher und Problemsituation. Im Gegensatz zum direkten Gespräch lassen sich solche Missverständnisse nicht zeitnah relativieren. Hier kann man an Grenzen der Mailberatung stoßen und es können kritische Prozesse in Gang kommen, die einer sensiblen Bearbeitung obliegen, doch auch Chancen bieten können.

> *Beraterin:* »Das ist so ähnlich wie bei zwei Bahnstrecken: die eine ist gut eingefahren, fährt aber immer mal wieder durch einen Tunnel (das können z. B. Alkohol, Drogen, ineffiziente Konfliktlösungen etc.) sein. Die andere Strecke, die diese Mittel nicht nutzt, ist (noch) wenig eingefahren, vielleicht ist Gras über die Schienen gewachsen oder sie ist noch so neu, dass sie nicht so einfach ›rund läuft‹. Es dauert, bis die neue Strecke eingefahren ist und die alte zuwächst, aber mit jeder Situation, in der man die neue Strecke nutzt, wird sie selbstverständlicher und leichtgängiger – und die alte wächst weiter zu [...]. Ich verstehe gut, dass Sie in Ihrer momentanen Lage, wo so Vieles zu entscheiden ist und die berufliche Zukunft ganz offen ist, zeitweise nur noch abtauchen möchten. Manchmal wird einem einfach alles zu viel und man sieht kein Land mehr, fragt sich, wozu das alles Sinn macht ... [...] Doch ich frage mich auch, ob Sie sich damit nicht auch die Möglichkeit nähmen, dass etwas gut oder besser werden kann, denn ein paar neue Perspektiven haben sich ja schon aufgetan mit Praktikum etc. Klar, das ist neu und ungewohnt und macht inneren Stress – und das Abtauchen in vertraute Gefühls- und Handlungsmuster ist verführerisch, eben gerade weil es so vertraut ist [...] Ein Kollege von mir nennt das ›Abtauchen in die gute alte Jauche-Badewanne – stinkt zum Himmel, aber ist warm und vertraut‹, ich finde das Bild recht passend, können Sie damit etwas anfangen?«

Hier bemerkt die Klientin in ihrer folgenden Antwort nur ganz kurz, dass ihr die letzte Antwort nicht besonders gepasst habe. Ein erneutes Eingehen der Beraterin auf diese Rückmeldung setzt einen für den weiteren Beratungsverlauf zentralen Klärungs- und Selbstwertstärkungsprozess bei der Ratsuchenden in Gang und sensibilisiert die Beraterin für die zugrunde liegenden Themen.

> *Beraterin:* »Was ich gerne nochmal wissen möchte ist, was Ihnen an meiner letzten Antwort nicht so richtig gepasst hat. Mir ist es sehr wichtig, dass Sie mir solche

Rückmeldungen geben, und ich sehe es als Zeichen unserer guten Beziehung, dass Sie es thematisieren. Denn gerade bei dieser Beratungsform ohne direkten persönlichen Kontakt bin ich auf solche Rückmeldungen angewiesen, da ich ja nicht sehen kann, wie Sie auf meine Überlegungen, Bilder, Anregungen und Interventionen reagieren.«

Freaky: »es war die jauchegrube!! ich ergänze heutemal was ich zuerst geschrieben, dann aber so doch nicht abgeschickt habe, weil ich sie nicht verletzen wollte und weil ich nichts in sie hineininterpretieren wollte und weil ja auch wirklich etwas wahres dran ist. mir gefällt diese aussage für mich nicht. ich bleibe nicht nur aus bequemlichkeit stehen. sonst wäre ich schon längst abgesoffen [...] vielleicht war es auch nur so unangenehm weil mir damit auch viele andere worte und sätze eingefallen sind, dinge die ich mir als kind/jugendliche anhören musste wenn ich nicht erfolgreich war oder wo mir einfach unangenehme charaktereigenschaften vor augen geführt wurden. ich weiss es nicht sicher. aber jedenfalls bin ich selbst ja immer wieder am zweifeln, an mir selbst ob ich mich wirklich ändern möchte.

mir wurde früher häufig gesagt ich sei bequem, faul, undiszipliniert, phlegmatisch, dumm, ordinär, schlampig, hysterisch, verfressen, verrückt, ein fettes schwein [...] und dass ich, weil ich so bin: es niemals zu etwas bringen werde, nie einen mann bekomme, mit 20 nicht mehr durch die türe passe, es kein mensch mit mir aushält, ich mit keinem klar komme, ich nix gescheites werde, dass ich unangespitzt in den boden geschlagen gehöre, dass ich eine schande bin für die familie, dass ich in die irrenanstalt gehöre, dass ich sie noch ins grab bringe... [...] ist das meine jauchegrube? und da es ja bequem und warm da drin ist zieh ich auch gleich meine tochter voll rein. [...] das alles ging mir durch den kopf ... und vielleicht hat mir auch an ihrer antwort da auch nicht gepasst dass sie nicht so viel geschrieben hatten wie sonst und ihren kollegen zitiert haben, vielleicht habe ich mir gewünscht dass sie sich intensiver mit mir beschäftigen. [...] Und wenn ich davon ausgehe dass mir neue verhaltensweisen manchmal nicht zur verfügung stehen weil ich zu gestresst, überfordert oder was weiss ich noch sonst bin, wobei ich mich ja selbst in diese situation gebracht [...] bleibt meinem gehirn ja nur die möglichkeit etwas altbekanntes abzuspulen – weil dieses verhalten einfach so gut erlernt ist und ohne nachdenken funktioniert. oder?

mir gefällt das bild mit den bahnstrecken viel besser, immerhin fährt man da wenigstens :) und es kommt nicht das bild eines fetten schweins hoch. das mit den wegen und weichen und gras finde ich richtig treffend. da kann ich dann ja auch besser aussteigen oder umsteigen :) liebe Grüße ... PS ich habe gesehen unsere online-gespräche führen wir jetzt schon 6 monate! wow wie die zeit vergeht und ich hätte nicht gedacht dass es so intensiv wird und weitergeht ...«

Die Mailberatung wurde nach der Klärung dieses Konfliktes noch eine ganze Weile fortgeführt. Die diesbezügliche Auseinandersetzung wurde von der Klientin bei der Verabschiedung als ein zentraler Punkt in der Mailberatung benannt: Sie konnte zum ersten Mal ihr Erleben und dessen lebensgeschichtliche Verortung benennen, sich für ihre Bedürfnisse einsetzen, Grenzen im interpersonellen Umgang benennen und wahren. Gleichzeitig erlebte sie, dass Konflikte zu einer Lösung kommen können, die die Beziehung zueinander nicht verschlechtert oder gar abbrechen lässt, sondern eher zu einer diesbezüglichen Stärkung führt.

> *Beraterin:* »Mir ging ein ähnlicher Gedanke durch den Kopf wie Ihnen in Ihrem P.S. bezüglich unserer Beratungsmails: wir arbeiten schon lange und sehr intensiv miteinander! Besonders nachdem ich Ihre Rückmeldung zu dem verwendeten Bild ›Jauchegrube‹ gelesen habe, die mir sehr wichtig ist, dachte ich, dass für eine solche ehrliche und kritische Rückmeldung eine stabile und vertrauensvolle Beziehung notwendig ist. Und daran haben wir gemeinsam gearbeitet :)! Ihre Kritik hat mir sehr geholfen, Sie und Ihre Reaktionen auf meine Intervention besser zu verstehen. Und nun verstehe ich sehr gut, was Sie daran geärgert und verletzt hat und dass dieses Bild sehr unpassend und nicht hilfreich für Sie ist! Vielleicht hätte ich es schneller merken können, wenn wir uns gegenüber gesessen hätten – das ist ein Nachteil der online-Beratung. Und es tut mir leid, dass ich Ihre Gefühle verletzt bzw. eine alte Wunde berührt habe, dies war nicht meine Absicht!
> Mich interessiert, wie es Ihnen mit dem Äußern von Kritik ergangen ist. Mir ist aufgefallen, dass Sie zunächst nicht darüber schreiben wollten, um zu vermeiden, dass Sie mich verletzen oder mich als ›Abladestation von Frust‹ zu benutzen. Mit Ermutigung meinerseits und vielleicht etwas Abstand Ihrerseits konnten Sie sich dann doch dazu entscheiden. Und Ihre Argumente und Ihre Kritik sind für mich sehr angemessen, nachvollziehbar und differenziert. [...] Wir haben es geschafft, eine faire und ernste Auseinandersetzung zu führen. Das macht doch Mut für zukünftige kontroverse Diskussionen – virtuell wie real, oder ;-)?«

Ein weiterer zentraler Effekt der Mailberatung kann in der Stärkung von vorhandenen Ressourcen liegen:

Beraterin: »Ihre letzte Antwort klang für mich von der Grundstimmung entspannter und hoffnungsvoller als die vorangehenden. Es ist bewundernswert, welche Energie Sie bereit sind aufzubringen, um Ihren Veränderungswünschen, sowohl privat als auch beruflich, nachzukommen.

Und Sie haben mit dem Besuch der Gruppe für Frauen mit Essproblemen ja auch ›zwei Fliegen mit einer Klappe‹ geschlagen: Sie können sich dort mit Ihrem Essverhalten auseinandersetzen und gleichzeitig neue Kontakte knüpfen. [...] Schön, dass Sie sich und Ihre Umwelt so sensibel und aufmerksam erleben. In diesem Zusammenhang hätte ich auch eine Idee, von wem Ihre Tochter die Fähigkeit, intuitiv Stimmungen und Situationen wahrzunehmen, geerbt hat :) Da haben sie ihr etwas sehr Wichtiges mit auf den Weg durchs Leben gegeben!«

Eine besondere Wertschätzung und Ressourcenarbeit liegt häufig im Abschiedsprozess:

Freaky: »ja, ich möchte die beratung nun beenden, ich kann ja auch mal wieder das forum bei bedarf nutzen. ihnen wünsche ich alles gute, viel freude bei der online-beratung und auch bei ihrer arbeitsstelle vor ort. DANKE für ALLES! Und ich muss aufpassen dass ich nicht alles in einen topf werfe und mich in die alles-ist-scheisse suppe setze ;-)«
Beraterin: »Zum Abschied wünsche ich Ihnen, dass Sie weiterhin Ihre inneren und äußeren Helfer finden bzw. aktivieren können, wenn Sie diese brauchen. Und dass Sie Ihren ehrlichen und manchmal schonungslosen Blick auf sich selbst nicht verlieren, wenn es denn nötig wird, diesen zu haben.

Die intensive und direkte Art mit Ihnen zu arbeiten hat mich sehr angeregt und ich behalte einen großen Respekt gegenüber Ihrer Kreativität und Ihrem Kämpfergeist in guter Erinnerung!«

Jugendberatungen setzen häufig noch mehr auf den Beziehungs- und Begleitungsaspekt als Elternberatungen. Während Elternberatungen im Durchschnitt 2,6 Beratungskontakte zählen, sind es bei Jugendlichen 9,3 Kontakte pro Beratung (Bundeskonferenz für Erziehungsberatung, 2014).

Die folgende Fallvignette einer Jugendberatung veranschaulicht das Probehandeln für die Face-to-Face-Beratung und die Annäherung an schwierige Themen im Rahmen der (als weniger bedrohlich erlebten) schriftbasierten Beratung. Auch die Begleitung von beraterisch-therapeutischen Prozessen vor Ort spielt hierbei eine Rolle.

Eine 17-jährige junge Frau, die in ihrer Kindheit durch die Eltern massive emotionale und körperliche Vernachlässigung sowie sexuelle Übergriffe seitens des Vaters erfahren hat, wendet sich an die bke-Onlineberatung, da sie in ihrer Beratung vor Ort nicht weiter komme, gleichwohl aber wahrnehme, dass ihre psychische und körperliche Verfassung sich verschlechtern. Sie berichtet von massiven Essschwierigkeiten und selbstverletzendem Verhalten. Nach einigen Beratungskontakten, die dem Beziehungsaufbau und der Auftrags- und Kontextklärung dienten, beginnt sie zögerlich, über ihre Schwierigkeiten zu schreiben, in der Face-to-Face-Beratung Worte zu finden:

> *Lara:* »du weißt ja, dass ich nicht gut darüber schreiben kann ... und wenn ich schon da nicht gut drüber schreiben kann, wie soll ich dann sowas bearbeiten? das fällt mir einfach ziemlich schwer. und ich glaube nicht, dass ich sowas mal in der beratung ansprechen kann, darüber reden geht gar nicht, ist ja hier schon schwer genug. und peinlich. ich komm mir ja eh schon vor wie ein vollpfosten ... wenn erwachsene fragen, wieso weshalb und warum und nicht akzeptieren können dass das reden nicht funktioniert. nicht funktioniert wegen der angst. angst lähmt. lähmt mich schon lange [...]«
>
> »meine beraterin sagt, sie muss mehr wissen um es einordnen zu können ... das ist mir schon klar dass ich irgendwie mehr erzählen muss von früher ... aber ich hab keine ahnung, wie und wo anfangen ... liegt daran, dass wenn ich von früher erzähle, mir es nicht gut geht ... irgendetwas geht dann in mir in dem moment kaputt und ist total verwirrt ... und wenn ich von dem von früher versuche zu erzählen dann bekomm ich diesen ritzdruck, teilweise so schlimm, dass wenn ich nichts zum ritzen find ich mit dem kopf gegen die wand rennen könnte ... [...] ich bin froh dass du da bist«

Es folgt eine Sequenz der differenzierten Beleuchtung ihrer Angst, in der die Klientin sich zunehmend ernst genommen und gesehen fühlt. Gleichzeitig beginnt sie einen Reflexionsprozess, der von der Beraterin durch Inputs zu verschiedenen Funktionen von Angst und imaginiertes Probehandeln im Umgang mit der Angst angeleitet wird:

> *Lara:* »ich bin dankbar, dich hier zu haben, auch wenn es sich merkwürdig anhört ... [...] ich hab einfach noch nicht den mut, dies in der beratung zu sagen, kannst du mir dabei helfen? [...] du hast zwischen den zeilen gelesen. das war mir irgendwie schon bewusst dass du das kannst. dennoch steht das thema zwischen den zeilen. einfach so, ohne dass es konkretisiert wird. wie immer schon.

es steht einfach da ... wenn eigene väter was tun, an töchtern, wie soll man darüber reden? wie soll man da anfangen? und wie darüber reden, wenn mama nicht viel anders war? wenn eltern nicht eltern sind? wenn man nie gewollt war? nicht gemocht? wo ist da der anfang? ...«

Beraterin: »Du beginnst, Worte zu finden für das, was dir widerfahren ist – das ist ein prima Beginn und eine gute Übung. Ich verstehe gut, dass dir das schwerfällt, doch es geht, es funktioniert. Genauso wie es ein Balanceakt ist ... Lass dir Zeit und schreibe in deinem Tempo weiter, so wie es gut für dich passt. Du musst hier gar nichts, doch du darfst gerne weiter erzählen. Ich bin da und höre hin.«

Lara: »ich häng halt an dem gedanken, dass sie nie eltern gewesen sind. und frag mich warum ich frag mich was ich getan hab. wie hätte ich sein müssen, damit das für uns gut gewesen wäre. das ich eltern wie eltern gehabt hätte. es tut mir weh das ich tief weiß, dass ich allein ohne familie bin ... ich möchte dir eine frage stellen: wenn du meine reale beraterin wärest und ich würde dir erzählen, was er sonst noch mit mir gemacht hat, wie würdest du reagieren?«

Es wird deutlich, dass die Klientin vor dem Hintergrund einer belastbaren, tragfähigen Beratungsbeziehung zunehmend Worte findet für das, was sie erleben musste, und gedankliche Transferübungen in die Beratung vor Ort vollzieht. Gleichzeitig unterliegt das Geschehen komplett ihrer eigenen Kontrolle. In der Folge setzt die Klientin Besprochenes weiter um, nimmt die Anregung, in einer Phase der körperlichen und psychischen Verschlechterung eine Psychiaterin aufzusuchen, an und geht schließlich in eine psychosomatische Klinik mit dem Behandlungsschwerpunkt »Trauma«.

Im Rahmen dieser Beratung wurde auch der Aspekt der Psychoedukation und die Möglichkeit der Wiederholbarkeit der Beratungsinhalte für andere wichtige Personen genutzt. Dies ist ein deutlicher Vorteil gegenüber Face-to-Face-Prozessen, in denen Beratungsinhalte nachträglich meist nur lückenhaft, verzerrt und überformt durch Gedächtnisprozesse beschrieben werden können. Auch nutzen ängstliche, desorganisierte bzw. unsichere Klienten oftmals die Möglichkeit des erneuten Lesens von Antworten, um sich zu vergewissern, zu stabilisieren. Inhaltlich ging es hier zunächst um einen fachlichen Input der Beraterin zur Funktion und Wirkweise von selbstverletzendem Verhalten. Diese Sequenz der Beratung druckte die Klientin für ihre Partnerin aus, die hochgradig irritiert auf die Selbstverletzungen reagiert hatte.

Lara: »vielen dank für den text über svv. habe diesen andrea ausgedruckt und sie sagt auch herzlichen dank. sie hat den text 3x gelesen und gesagt, endlich was verständliches dazu, das hilft mir dich besser zu verstehen ... ist jedoch immer noch schwer zu schlucken für sie ...«

Abschiedsprozesse aus der Mailberatung sind häufig auch von Bilanzierungen begleitet, in denen die Klienten den für sie besonderen Wert der Mailberatung und der erarbeiteten Ziele herausstellen. Ein anschauliches Beispiel hierfür ist der folgende Text von einer jugendlichen Klientin mit diversen Problematiken und einer gleichermaßen hohen Widerstandskraft und starkem Lebenswillen, die über vier Jahre (mit teilweise länger andauernden Unterbrechungen) in Mailberatung war:

> *Dustyangel:* »ich habe vor kurzem ein paar alte mails aus unserem beratungsverlauf gelesen & musste irgendwie total losheulen ... es ist unglaublich wie lang ich dir schon schreibe (ohne dass du irgendwann gesagt hast, du hast keinen bock mehr auf mich weil ich so ein monster bin oder so) & wie viel du mitbekommen & miterlebt hast, [...] ich finde es echt gut & besonders, dass du mich so lang auf deine art & weise begleitet hast & immer noch begleitest [...] dass es trotz all der schwierigkeiten nie dazu gekommen ist, dass ich mich auf einmal garnicht mehr gemeldet habe, weil ich mich vom leben verabschiedet habe oder sonst wohin weggesperrt wurde.
>
> tjaa, schon komisch; ich glaube ich war 13 oder 14 als wir angefangen haben zu schreiben, ich habe bei meinen eltern gewohnt, mich selbstverletzt & hatte probleme mit dem essen, es ging von einer krise in die nächste; & jetzt bin ich 18, wohne in einer eigenen wohnung fernab des jugendhilfesystems & irgendwie nimmt mein leben so langsam wieder ›gestalt‹ an & es scheint sogar die möglichkeit zu bestehen, dass es doch noch irgendwie lebenswert wird. Du weißt ja ich hätte zB nie geglaubt, dass ich mich irgendwann nicht mehr fast täglich selbstverletzen würde & jetzt ist das bedürfnis zwar manchmal noch da, aber es gelingt mir überwiegend dem einfach nicht nachzugehen.
>
> & was ich noch viel weniger geglaubt hätte ist, dass die essproblematik irgendwann nicht mehr thema nummer 1 ist & total über mein leben ›bestimmt‹ – aber ob du es glaubst oder nicht, ich wiege gerade vermutlich etwa 46kg (ich stand seit ewigkeiten auf keiner waage mehr) [...] nunja, gut, um mehr zu schreiben fehlt mir jetzt leider die zeit; ich wollte das grad nur mal so loswerden. :)«

Hier zeigt sich die stärkende, Zuversicht vermittelnde Wirkung einer solchen Bilanzierung auf die Klientin. Mailberatung kann auch eine zentrale Bedeutung in der Nachsorge nach stationären Maßnahmen einnehmen. Sie ist ebenso ein niedrigschwelliges Angebot, das auch vielen Menschen mit Behinderung einen Zugang zu Beratung ermöglicht, und kann andere Maßnahmen begleiten, ohne diese zu unterminieren.

Die Grenzen von Mailberatung sollten – gerade wenn es um diagnostische Fragestellungen, die selbstredend in diesem Rahmen nicht zu beantworten sind, oder um die Bereitstellung von ergänzender, akuter Hilfestellung vor Ort geht – immer präsent bleiben und transparent kommuniziert werden. Akute Krisen können wegen des geschützten Rahmens außerordentlich gut begleitet werden. Es erfolgt eine Verweisung an die bekannten Hilfestrukturen vor Ort – doch eine persönliche, kopräsente Begegnung mit dem Ratsuchenden oder die Kooperation mit Einrichtungen unterbleibt.

Literatur

Bischof, N. (2009). *Psychologie: Ein Grundkurs für Anspruchsvolle*. Stuttgart: Kohlhammer.
Bundeskonferenz für Erziehungsberatung (2014). *bke-beratung.de. Erziehungsberatung im Internet. Bericht 2013*. Fürth: bke.
Engelstädter, A. & Schierbaum, A. (2008). Onlineberatung. Grenzen professionellen Handelns im virtuellen Raum. *Sozialwissenschaftliches Journal, 3*(1), 79–97.
Grawe, K. (2004). *Neuropsychotherapie*. Göttingen: Hogrefe.
Koch, P. & Oesterreicher, W. (1985). Sprache der Nähe – Sprache der Distanz. Mündlichkeit und Schriftlichkeit im Spannungsfeld von Sprachtheorie und Sprachgeschichte. In D. v. Jacob, A. Kablitz, P. Koch, B. König, J. Küpper & C. Schmitt (Hrsg.), *Romanistisches Jahrbuch, Band 36* (S. 15–43). Berlin: De Gruyter.
Lang, J. (2002). Onlineberatung ist anders. Möglichkeiten und Grenzen einer neuen Beratungsform. Vortrag Weiterbildungskongress der Kinderschutz-Zentren, Köln, November 2002. http://onlineberatungen.com/Onlineberatung_anders.pdf (14.07.2014).
Schultze, N. G. (2007). Erfolgsfaktoren des virtuellen Settings in der psychologischen Internet-Beratung. *e-beratungsjournal.net, 3*(1), 1–8. http://www.e-beratungsjournal.net/ausgabe_0107/schultze.pdf (14.07.2014).
Schulz von Thun, F. (1981). *Miteinander Reden*. Reinbek: Rowohlt.
Tscheulin, D. (1992). *Wirkfaktoren psychotherapeutischer Intervention*. Göttingen: Hogrefe.
Weingarten, R. & Günther, H. (Hrsg.). (1998). *Schriftspracherwerb*. Baltmannsweiler: Schneider.

Im Bann der Technik

Zur Frage nach dem Medium in der Psychotherapie[1]

Ulrich A. Müller

> »In einer Zeit, in der immer mehr Menschen in unserer Gesellschaft einer therapeutischen Beratung bedürfen und in der Simultanrechner weit verbreitet sind, könnte ich mir gut die Entwicklung eines Netzes von psychotherapeutischen Computeranschlüssen vorstellen, etwa einer Phalanx von Telefonanschlüssen vergleichbar, in denen wir für ein paar Dollar pro Sitzung mit einem aufmerksamen, qualifizierten und weitgehend nicht-direktiven Psychotherapeuten sprechen könnten«
>
> *Carl Sagan, Astrophysiker (Natural History, Jg. 84, Heft 1, 1975)*

Am Ausgangspunkt: Der »Zug der Zeit«

Es ist erfreulich, dass die psychotherapeutische Versorgung inzwischen so viel Aufmerksamkeit und Interesse auf sich zieht. Die Diskussion zum Einsatz elektronischer Medien in der Psychotherapie wird seit einigen Jahren in der Profession sehr intensiv geführt und hat inzwischen über die fachlichen Erörterungen hinaus auch juristische Stellungnahmen provoziert.[2] Die Profession kann sich durch die Intensität, die zeitweise Vehemenz und durch die publizistische Aufmerksamkeit[3]

---

1 Veränderte Fassung eines Vortrags »Ein freier Beruf im Rahmen der Notwendigkeiten« zur Tagung »Geht die Psychotherapie ins Netz? Projekte – Erfahrungen – Realisierbarkeit« der LPPKJP (Landeskammer für Psychologische Psychotherapeuten und Kinder- und Jugendlichenpsychotherapeuten) Hessen am 9.11.2013 in Frankfurt am Main.
2 So wurde beispielsweise die Psychotherapeutenkammer Hessen von dem damaligen Betreiber der Software Deprexis (GAIA, Hamburg) unter Androhung juristischer Schritte dazu aufgefordert, kritische Anmerkungen zu den Forschungsergebnissen, die das Programm als psychotherapeutische Behandlungsmöglichkeit legitimieren sollten, von der Homepage zu entfernen.
3 Eine Auswahl: »Online-Psychotherapie«, Themenheft der Zeitschrift *Gehirn und Geist* Heft 1–2/2013); »Was online-Therapien taugen« in: *Stern* (18.9.2013); »Mit einem Klick auf die virtuelle Couch« in: *Spiegel Online* (17.4.2013); »Klicks gegen die Angst« in *Zeit Wissen* (6/2010); »Per Chat zurück ins Leben«, in: *Stern* (5.3.2009); »Psychotherapie per Internet« in *Die Welt* (8.1.2008).

darin bestätigt sehen, dass die Bedeutung der Psychotherapie in der öffentlichen Wahrnehmung seit Inkrafttreten des Psychotherapeutengesetzes 1999 außerordentlich zugenommen hat.[4] Das Feld der psychotherapeutischen Versorgung ist zu einem zunehmend bedeutungsvollen Baustein in der gegenwärtigen Gesundheitsversorgung geworden, sodass sich auch fachfremde Interessengruppen darum bemühen, in diesem Feld mitwirken und an der wachsenden Bedeutung teilhaben zu können.[5] Mit der öffentlichen Aufmerksamkeit wächst auch der ökonomische Druck, da die Behandlung und Versorgung psychisch kranker Menschen zu einem expandierenden Kostenfaktor im Sozialsystem geworden ist.

Parallel hierzu erreichen neue technologische Entwicklungen in der Kommunikations- und Datenerfassung weitere Bereiche der Gesellschaft und verstärken durch das Angebot internetgestützter Programme für Menschen in psychischen Notlagen den Rationalisierungsdruck auch in der Psychotherapie.[6] Die Psychotherapie wird daher – ebenso wie zuvor schon die Organmedizin – von dem technologisch gesteuerten Wandel erfasst und muss hierzu fachlich Stellung beziehen.[7] Während die Ärzteschaft schon länger über berufs-, haftungs- und datenschutzrechtliche Fragen diskutiert, haben diese Debatten die Psychotherapie in Deutschland erstaunlich spät erreicht und haben inzwischen auch juristische Expertise erforderlich werden lassen.[8]

Insofern die Anwendung der Psychotherapie von Fachfremden ungeprüft mit Kommunikation gleichgesetzt wird, schien es schon länger nahezuliegen,

---

4   Dies zeigt sich nicht nur an der Zunahme des Bedarfs an psychotherapeutischen Leistungen, sondern auch an der gestiegenen Akzeptanz von Erkrankungen mit psychischen Ursachen in der öffentlichen Wahrnehmung.
5   Die expansive Entwicklung von Software zur Behandlung von psychischen Erkrankungen spricht dafür, dass diese Tätigkeit profitabel ist, insofern sie einerseits bei den tradierten Behandlungen Honorareinsparungen verspricht, andererseits bei den Entwicklern offensichtlich finanzielle Gewinne in Aussicht zu stehen scheinen, die diese Vorhaben lohnenswert machen. Es geht um die Umverteilung finanzieller Ressourcen im Gesundheitssystem. Man spricht in diesem Zusammenhang auch vom Mooreschen Gesetz, das besagt, dass die Bewertung der menschlichen Arbeit herabsetzt werde, indem die Funktionalität von Rechenprozessen verbessert wird.
6   J. Lanier (2014) schreibt hierzu, dass sich kein Tätigkeitsbereich dem Druck der technologischen Entwicklung entziehen könne.
7   Beispielgebend zur technologischen Entwicklung in der Chirurgie schreibt Lanier (2014, S. 34f.): »Eine ähnliche Entwicklung [wie in der Musikindustrie; Anm. d. A.] könnte sich in der Chirurgie vollziehen. Nanoroboter und die holografische Endoskopie könnten eines Tages eine Herzoperation durchführen. Diese Geräte hätten wirtschaftlich ähnliche Auswirkungen wie die MP3-Player und Smartphones für die Musikindustrie. Unabhängig von den Details würde man die Chirurgie [nur noch] als Informationsdienst betrachten.«
8   Vgl. hierzu den Beitrag von J. Rautschka-Rücker in diesem Band, der die gegenwärtige juristische Einschätzung zu den drängenden Fragen darlegt.

die Entwicklung neuer Kommunikationsmedien auch auf die Psychotherapie zu übertragen und Möglichkeiten zu ersinnen, eine medientechnisch gestützte Kommunikation in der psychotherapeutischen Versorgung zu entwickeln. Ein solches Programm sollte sich leicht einsetzen lassen, wo es an Psychotherapeuten mangelt oder wo diesen Arbeitskapazitäten fehlen, um weitere Anfragen hilfesuchender Patienten bedienen zu können. Es sollte ständig verfügbar und überall erreichbar sein.

Bei der Arbeit an computergestützten Kommunikationsformen hatten die Softwareentwickler die Psychotherapie von Anfang an im Blick und schufen bereits vor 50 Jahren die ersten anwendungsfähigen Programme, die den Patienten den Eindruck vermitteln sollten, sie trügen ihre Anliegen einem Therapeuten vor, der auf ihre persönlichen Fragen auch individuell und unmittelbar antwortet. In den 1960er Jahren wurde ELIZA bekannt – das erste softwaregesteuerte Simulationsprogramm für Hilfesuchende mit psychischen Problemen, das auf deren Anfragen nach einem automatisierten Schema antwortet (vgl. Weizenbaum, 1977, S. 15ff.).

Das am Massachusetts Institute of Technology entwickelte Programm wurde in den psychiatrischen Praxen der USA unter dem Namen DOCTOR berühmt. Man ging damals bereits davon aus, eine Weiterentwicklung des Programms könne zu einer Vollautomatisierung der psychotherapeutischen Behandlung genutzt werden:

> »Es ist noch einiges an Arbeit zu leisten, bis das Programm für klinische Zwecke eingesetzt werden kann. [...] Aufgrund der Simultanrechenfähigkeiten gegenwärtiger und zukünftiger Computer könnten in einer Stunde mehrere hundert Patienten von einem eigens entworfenen Computersystem behandelt werden. Der menschliche Therapeut [...] könnte viel effektiver arbeiten, da sich sein Einsatz nicht mehr auf ein Verhältnis Therapeut zu Patient wie eins zu eins beschränken würde, wie dies bislang noch der Fall ist« (Colby et al., 1966, S. 148–152).

Bemerkenswerterweise beruht die inhaltliche Konzeptualisierung von DOCTOR auf der manualisierten Anwendung der klientenzentrierten Methode von Rogers, die aufgrund der Nähe zur Kommunikationstheorie offensichtlich am ehesten geeignet schien, das psychotherapeutische Gespräch in einem vollautomatischen Programm operationalisierbar zu machen und zu simulieren.

Derartige Visionen der Operationalisierung psychotherapeutischer Tätigkeit orientieren sich einerseits an den damit erhofften Möglichkeiten der betriebswirtschaftlichen Rationalisierung, um die latente Unterversorgung von psychisch kranken Patienten beheben zu können. Andererseits wird die psychotherapeutische Tätigkeit damit zugleich einem zweckrationalen Blick unterworfen und deren Gehalt auf die kommunikationstheoretischen Aspekte des Informationsaustauschs reduziert. So formulierten Colby, Watt und Gilbert (ebd.) eine Utopie, an deren zeitgemäßer Transformation Informatiker derzeit noch immer arbeiten:

> »Man kann einen menschlichen Psychotherapeuten als jemanden auffassen, der Informationen verarbeitet und seine Entscheidungen anhand von Kriterien trifft, die eng mit kurz- oder langfristigen Zielen verbunden sind. [...] Bei seinen Entscheidungen lässt er sich von empirischen Regeln leiten, die ihm Anhaltspunkte dafür liefern, was er in einem bestimmten Kontext am besten sagt bzw. nicht sagt. Es wäre ein äußerst aufwendiges Unterfangen, diese Prozesse im selben Umfang zu programmieren, wie sie beim Therapeuten ablaufen, aber wir versuchen, in diese Richtung zu arbeiten.«

Das Ziel wäre folglich, Worte und Handlungen des Therapeuten so weit operationalisierbar zu machen, dass damit ein programmiertes Repertoire von Antworten auf spezifische Erwartungen, Anfragen oder Aktionen des Patienten zur Verfügung steht. Analog der Taylorisierung eines industriellen Produktionsprozesses sollte sich die psychotherapeutische Praxis in einzelne Module zerlegen lassen, die nach Bedarf zu aktivieren und einzusetzen wären.[9]

Ist die technische Entwicklung heute bereits an diesem damals avisierten Ziel angelangt?

Der Markt unendlicher Möglichkeiten

Gegenwärtig werden auf dem Markt im Internet verschiedene Möglichkeiten angeboten, sich mit Fragen der psychischen Gesundheit und/oder der psychotherapeutischen Heilbehandlung zu beschäftigen.

In den letzten Jahren hat sich außerhalb des Bereiches der heilkundlichen Psychotherapie ein breites Spektrum an Informations- und Hilfsangeboten zum Thema seelische Erkrankungen entwickelt, das die Möglichkeiten neuer Medi-

---

[9] Die logische Struktur ist dabei relativ einfach und aus der Anwendung von Psychopharmaka bekannt, denn die programmierten Reaktionen auf die Erwartungen der Patienten sollen wirksam werden wie der Wirkstoff eines pharmazeutischen Produkts, der eine bestimmte Veränderung erwarten lässt.

en auf vielfältige Weise nutzt. Die Auswirkungen einiger dieser Angebote auf Interessierte – seien dies Patienten, Ratsuchende oder auch Angehörige der Profession – werden derzeit unter dem Gesichtspunkt der Wirksamkeit untersucht und diskutiert.[10]

Die unterschiedlichen Angebote sind, da ihre Anzahl stetig zunimmt, insbesondere in Hinblick auf ihre fachlichen Qualitäten kaum zu überprüfen. Zudem ist fraglich, ob die Profession sich mit diesen Angeboten befassen sollte, wenn es sich nicht um Psychotherapie handelt.[11] Daher gilt derzeit als entscheidendes Kriterium noch immer das, was die Profession als eigenen Maßstab formuliert hat, demzufolge eine Psychotherapie nur im »persönlichen Kontakt« durchgeführt werden dürfe. Diese Passage in der Berufsordnung schließt die Anwendung von Psychotherapie im Internet grundsätzlich aus, nicht jedoch die Information und die Beratung von Ratsuchenden.

Die vielfältigen Angebote von Information und Beratung per Internet – oft als E-Mental-Health zusammengefasst – werden hier aus Gründen der Vereinfachung zunächst nur nach dem Modus der Kontaktaufnahme (Setting) unterschieden (weitere Kriterien könnten zum Beispiel »Kosten« oder »Datensicherheit« sein). Bei diesen Kontaktanbahnungen werden auch Behandlungsangebote gemacht, die nur im Rahmen von Forschungsstudien durchgeführt werden dürfen.

Mit Blick auf das *virtuelle Setting* finden sich:
➢ Websites mit Informationen – über Kontakte oder auch Therapiemöglichkeiten, Literaturhinweise oder Verlinkungen
➢ interaktive Websites: Hier werden neben Informationen unter anderem Fragebögen vorgelegt, anhand derer beispielsweise die Suchtgefährdung oder das Ausmaß der Angstbeeinträchtigung rechnerisch ermittelt werden

---

10   Die Forschung berücksichtigt dabei jedoch ausschließlich die Wirksamkeit im Hinblick auf die Veränderung der Symptomatik. Für eine Forschung, die die Paradigmen der Psychotherapie zugrunde legt, wäre es jedoch darüber hinaus von Interesse, inwiefern die Anwendung und der Gebrauch der Medien selbst das Selbstverständnis und auch das Verständnis von seelischer Erkrankung in der virtuellen Welt die Patienten beeinflusst und möglicherweise das Nutzungsverhalten von psychotherapeutischen Angeboten beeinträchtigt. Die technischen Kommunikationssysteme selbst rufen mittlerweile psychische Erkrankungen hervor und führen teilweise zu schwerwiegenden Konflikten in der Realitätswahrnehmung.
11   Der Ausschuss für Qualitätssicherung der LPPKJP Hessen hat sich inzwischen dafür entschieden, Rat- und Hilfesuchende im Internet darüber zu informieren, welche Standards für Psychotherapie gelten und auf welche Qualitätskriterien bei themenverwandten Informationen im Internet geachtet werden sollte.

soll, oder es werden Berechnungsmodule etwa zur Bestimmung des BMI angeboten.
- Websites, die Kommunikation ermöglichen – entweder mit Beratern bzw. Therapeuten oder auch mit anderen Interessierten – und zwar per E-Mail, in Foren, Blogs, Chats oder geschlossenen Chatrooms, wobei die Foren Selbsthilfegruppen ähneln
- Websites mit strukturierten Programmen: Hier ist eingehender zu differenzieren zwischen folgenden Formen:
    - vollautomatische Programme wie zum Beispiel Deprexis[12]: Diese nach kognitiv-behavioralen Vorbildern strukturierten Programme ähneln der Selbsthilfeliteratur, erzeugen jedoch deutlich höhere Kosten.
    - halbautomatische Programme, wie sie derzeit im Rahmen eines Forschungsprogramms der Techniker Krankenkasse (TK Depressions-Coach) angeboten werden

Untersucht man die *Inhalte der Angebote*, so reichen sie
- von allgemeinen und grundsätzlichen Informationen zu seelischen Erkrankungen und zur Psychotherapie,
- speziellen Informationen zu einzelnen Störungsbildern oder bestimmten Behandlungsverfahren und Behandlungsmethoden,
- Seiten zur Förderung der Selbsthilfe und Prävention,
- Beratungsangeboten,
- Nachsorge, zum Beispiel nach stationärer psychosomatisch-psychotherapeutischer Behandlung,
- bis hin zu Angeboten mit implizit oder explizit psychotherapeutischem Anspruch, die das ambulant oder stationär bisher übliche Psychotherapie-Setting entweder ergänzen sollen oder sogar zu ersetzen beanspruchen.

Derzeit ist die psychotherapeutische Behandlung durch das Berufsrecht und durch haftungsrechtliche Verpflichtungen auf der Grundlage ihrer fachlichen Verankerung eingebunden in einen heilberuflichen Kontext, der die Tätigkeit der Profession qualifiziert und die hohen Standards schützt. Diese hohen Qualitätsstandards schließen die Anwendung von Psychotherapie im Internet grundsätzlich aus, da durch die Netzverbindung alleine kein persönlicher Kontakt gewährleistet ist.

---

12 Vgl. den Beitrag von Meyer zu Deprexis in diesem Band.

Die Herausforderungen durch die technologischen Entwicklungen der Kommunikationsmedien sind jedoch ein geeigneter Anlass, um die latente Diskussion über die Selbstbestimmung der Profession vor dem Hintergrund der technisch-ökonomischen Veränderungen aufzunehmen und die professionelle Verankerung auf ihre fachlichen Gründe in der Gegenwart zu überprüfen.

Viele der Selbsthilfeangebote und therapieanalogen Programme im Internet bedienen sich der Interventionen und Therapiemodule der kognitiv-behavioralen Therapie. Dies suggeriert, dass sich der verhaltenstherapeutische Ansatz leichter an die Settingvorgaben des Internets anpassen lässt, weil einzelne Interventionen auch gut außerhalb einer therapeutischen Beziehung mit persönlicher Kopräsenz und unabhängig von einer differenziellen Indikation anzuwenden seien. Doch muss im Rahmen eines solchen Vorgehens ein erheblicher Verlust an Qualität befürchtet werden. Auch kognitiv-behaviorale Interventionen setzen eine differenzierte und komplementäre Beziehungsgestaltung voraus, die nur im persönlichen Kontakt realisiert werden kann, weil auch solche Interventionen nicht von einer lerngeschichtlichen Analyse sowie der verhaltens- und bedingungsanalytischen Einordnung einer Symptomatik abgekoppelt werden können.[13]

Vermehrt werden Forschungsergebnisse veröffentlicht, die betonen, dass internetgestützte Behandlungen wirksam seien und positive Erfolge bei den Patienten nachzuweisen seien. Das niedrigschwellige Angebot sei auch darum für bestimmte Ratsuchende bedeutsam, weil die anonyme Nutzung weniger schambesetzt sei. Außerdem erlaube die ständige Verfügbarkeit eine räumlich und zeitlich unbegrenzte Nutzung der Programme. Für die Therapeuten wie auch für die Forscher erweise sich als vorteilhaft, dass die Dokumentation vereinfacht werde, da der Therapieverlauf durch die Digitalisierung beständig abgerufen, bearbeitet und bewertet werden könne.

Kritiker äußern sich hierzu skeptisch, weil diese Vorzüge wesentliche Standards einer professionellen Psychotherapie unterlaufen würden. Anonymität und ständige Verfügbarkeit sind in einer psychotherapeutischen Behandlung nicht nur nicht zu gewährleisten, sondern auch nicht wünschenswert, oft sogar kontraindiziert. Der Anspruch an eine ständige Verfügbarkeit des Therapeuten oder die Schamhaftigkeit des Patienten sind oft Symptome, die der professionellen Behandlung bedürfen und nicht automatisch »bedient« werden sollten. Es liegt

---

13 Mein Dank gilt an dieser Stelle den Mitgliedern des Ausschusses für Qualitätssicherung der LPPKJP Hessen M. Franke, D. Stassek, J. Wollstadt, die wichtiges Material hierzu zusammengetragen und mit dem Autor zusammen ausgewertet haben.

nahe, wie viele Kritiker befürchten, dass die internetgestützten Programme eher eine Chronifizierung psychischer Störungen forcieren, indem sie Heilung durch Beratung versprechen. Daher wird die Frage nach der professionellen Selbstbeschränkung der Profession die weiteren Überlegungen leiten, um psychotherapeutische Behandlungen von den Versorgungs- und Beratungsangeboten im Netz unterscheiden zu können.

Das Selbstverständnis der Profession: Das Selbstbewusstsein der Berufsordnung

Die Angebote im Netz konfrontieren uns mit Fragen, die das Selbstverständnis der Psychotherapie im Kern betreffen und daher helfen können, wesentliche Überlegungen zu reflektieren und gegebenenfalls auch zu aktualisieren.

Die Verankerung des »persönlichen Kontakts« in der Berufsordnung[14] ist breiter Konsens in der Psychotherapeutenschaft, der nicht alleine auf Theorien fußt, sondern insbesondere durch die klinische Praxis begründet ist, die zeigt, dass die Wirksamkeit und der dauerhafte Erfolg der psychotherapeutischen Behandlung durch den persönlichen Kontakt und die gemeinsame Präsenz von Therapeut und Patient gewährleistet werden.

Die Berufsordnung formuliert insofern nicht nur das fachlich begründete Selbstverständnis wie auch die professionelle Selbstregulation der Psychotherapie. Die Berufsordnung sollte auch als manifester Ausdruck der Genese psychotherapeutischen Erfahrungswissens gelesen werden.

Die Passage zu den Sorgfaltspflichten in der Berufsordnung profiliert wie kaum eine andere die Profession der Psychotherapie als heilberufliche Tätigkeit, deren Erfolgsgeschichte doch letztlich auch aus der kritischen Auseinandersetzung mit der problematischen Entwicklung der ärztlichen Behandlungspraxis hin zu einer sogenannten »Apparatemedizin« in den 1970er und 1980er Jahren hervorgegangen ist. Die Entfremdung von Arzt und Patient durch die technische Entwicklung führte in diesen Jahren zu einer prinzipiellen Auseinandersetzung über Grenzen und Möglichkeiten der heilkundlichen Behandlung unter den Vorzeichen einer Erfolg versprechenden Anwendung von technischen Apparaturen

---

14 Musterberufsordnung für die Psychologischen Psychotherapeutinnen und Psychotherapeuten und Kinder- und Jugendlichenpsychotherapeutinnen und Kinder- und Jugendlichenpsychotherapeuten, §5 Sorgfaltspflichten: »Psychotherapeuten erbringen psychotherapeutische Behandlungen im persönlichen Kontakt.«

in den Kliniken. Angesichts dieser Erfolge geriet die Bedeutung des ärztlichen Gesprächs immer mehr in den Hintergrund.

Verdankt sich der Erfolg der Psychotherapie, der in der Kodifizierung zweier Heilberufe (PP und KJP) neben der ärztlichen Psychotherapie im Psychotherapeutengesetz seinen manifesten Ausdruck fand, einer kritischen Distanz zur technologischen Fortentwicklung in der Medizin, so gründet dies auf den Forschungen zur Wirksamkeit der geschützten Patientenbehandlung auf Grundlage einer umfassenden Ätiologie. Hierzu gehört, dass die erfolgreiche Behandlung eines Patienten in vielen Fällen abhängig ist von dessen seelischem Erleben. Der Konnex von Psyche und Soma stellte die monosymptomatische Orientierung der Organmedizin prinzipiell infrage.

Die mittlerweile simplifizierend anmutende Formulierung des »persönlichen Kontakts« ist selbst Ausdruck einer Genealogie der heilberuflichen Tätigkeit, in der ärztliche Handlungen sich sukzessive durch den Einsatz technischer Hilfsmittel von den Patienten zu entfremden begannen. Im Zuge dieser Entwicklung entstand nicht nur bei Patienten ein Unbehagen über die Entwicklung der Medizin. Patienten fühlten sich von ihrem Arzt nicht mehr wahrgenommen, erlebten sich auf Teilaspekte ihrer Persönlichkeit reduziert (»das Herz von Zimmer 12«), während Ärzte sich dadurch häufig von ihrem beruflichen Ethos entfremdet erlebten. Durch die technischen Apparaturen sahen sich die Patienten auf ein Bündel von Daten reduziert, wobei Krankheit sich darstellte als die Abweichung des vorliegenden Datensatzes von der Norm. Das persönliche Gespräch begann dadurch für den Arzt, dessen Präsenz für den Patienten hinter der Apparatur zu verschwinden drohte, an Bedeutung zu verlieren.

Die Psychosomatik setzte nicht nur dort an, wo das persönliche Gespräch wieder ins Zentrum gerückt werden sollte, sondern besann sich einer ganzheitlichen Betrachtung, die das Symptom als Ausdruck eines noch nicht in Worten ausdrückbaren Konflikts in der Persönlichkeit des Menschen verstand. Das ätiologische Verständnis und die Behandlungsmethoden korrespondierten miteinander, wo es um die Rückkehr zu einem umfassenden leibseelischen Verstehen des Menschen gehen sollte. Aus einem kritischen Impuls entwickelte sich ein ganzheitliches Verständnis der heilkundlichen Behandlung, die letztlich auch den Erfolg der Psychotherapie auf den Weg brachte. Diese Erfolge in der Psychosomatik sind inzwischen durch zahlreiche Studien belegt und haben insbesondere der Psychotherapie den Weg zur breiten Anerkennung im Gesundheitswesen erschlossen. Vor diesem Hintergrund wird auch die Emphase des Begriffs »persönlicher Kontakt« verständlich, der sich im Grundsatz von selbst verstand und darum auch selbstverständlich Eingang in die Berufsordnungen der Länderkammern fand.

Aus der Kritik an der sogenannten »Apparatemedizin« ist unter anderem die Bedeutung der »sprechenden Medizin« hervorgegangen. Bereits damals belegten Studien aus der Psychosomatik, welche Bedeutung die persönliche Beziehung zwischen Arzt und Patient für den Heilungsprozess hat. Die Phänomenologie des »Erlebens« wurde zum Indikator für das ganzheitliche Verständnis des Leib-Seele-Kontinuums, das sich der Tendenz zum technisch-mechanistischen Verständnis der Medizin, das körperliche Empfinden vom seelischen Erleben des Patienten zu trennen, entgegenstellte und somit die Beziehung zwischen dem Arzt und seinem Patienten wieder ins Zentrum der heilkundlichen Behandlung rückte.

Alexander Mitscherlich (1984) prägte den Begriff der »erlebnisbedingten Krankheiten«. »Erleben« ist dabei zu verstehen als Ausdruck wie auch als diagnostischer Indikator für seelische Erkrankungen: »Krankheiten entwickeln sich im Korrelationsfeld von Erlebnis und diesem Erlebnis zugeordneten körperlichen Leistungen« (Mitscherlich, 1984, S. 140). Die Referenz hierzu bezieht die Psychosomatik anfangs noch von der »Phänomenologie«, im weiteren Verlauf findet sie sich bei der Psychoanalyse wieder. Die Kohärenz von leiblichem Erleben und seelischer Erfahrung entwickelt sich auf der Grundlage einer synästhetischen Wahrnehmung, die das Erleben der einzelnen Sinneseindrücke in der Erfahrung zusammenführt. Die Wahrnehmung der Sinne macht erst Sinn in der Reflexion des Erlebten. Die Psyche ist Folge und auch Ausdruck dieses synästhetischen Erlebens und kann daher umgekehrt auch nur im Kontext dieses umfassenden sinnlichen Erlebens verstanden werden. Alle Sinne sind an der Entfaltung des psychischen Binnenraums beteiligt.

Diese Erfahrung weiß sich beispielsweise bestätigt durch Studien über die Wirksamkeit von Placebobehandlungen bei depressiven Patienten: Das Medikament wirkt aufgrund der Bedeutung, die der Arzt ausschließlich im Erleben für den Patienten hat, denn die pharmazeutische Substanz selbst wirkt in diesen Fällen nicht aufgrund ihrer Wirkstoffe, sondern durch den Therapeuten, der das Mittel verordnet.[15] Die Psychoanalyse bezeichnet dies als positive Übertragung.

Aus der Einsicht in die Leib-Seele-Einheit erschließt sich auch die Definition für »seelische Krankheit« in der Psychotherapie-Richtlinie(GBA, 1999) »als krankhafte Störung der Wahrnehmung, des Verhaltens, der Erlebnisverarbeitung,

---

15 Der Therapeut wird zum potenten Vermittler, indem er einen Wirkstoff an den Patienten weitergibt und damit auch das Versprechen der Wirksamkeit verbindet. Die Wirksamkeit des Placebos lässt sich aus dieser Perspektive durch die Wirksamkeit des Therapeuten als Medium erklären.

der sozialen Beziehungen und der Körperfunktionen«. Eine fachgerechten Diagnostik wie auch eine fachlich fundierte Behandlung verlangt demnach, dass auch der Körper bei einer Psychotherapie anwesend ist, damit der Therapeut dessen Funktionen und die Kohärenz zu den seelischen Empfindungen des Patienten erleben, verstehen und einschätzen kann.

Die Berufsordnung der Psychologischen Psychotherapeuten und Kinder- und Jugendlichenpsychotherapeuten reflektiert diese Einsichten unter anderem durch die grundsätzliche Bedingung, dass Psychotherapie nur im »persönlichen Kontakt« zu erbringen ist.

Das Kommunikationsmodell und die Psychotherapie

Die Entwicklung von internetgestützten Programmen basiert auf einem Kommunikationsmodell, das eine rauschfreie und störungsreduzierte Kommunikation voraussetzt. Diese Kommunikation entspricht dem Austausch von Informationen (sprich: Daten) zwischen Sender und Empfänger und beruht auf dem Prototyp der Informationsübermittlung, definiert im Shannon-und-Weaver-Modell (1949). Um die Komplexität des Informationsaustauschs berücksichtigen zu können, gehen weiterentwickelte Modelle davon aus, dass zwischen unterschiedlichen Kommunikationswegen unterschieden werden muss, um das dem Informationsgehalt angemessene Kommunikationsmedium auswählen zu können. Dieses Media-Richness-Modell (vgl. Reichwald et al., 2000) versucht dem Umstand gerecht zu werden, dass für umfangreiche Kommunikationsprozesse aufgrund der Komplexität der auszutauschenden Informationen hochwertige mediale Instrumente genutzt werden sollten, während einfache Kommunikationsprozesse, bei denen es beispielsweise nur um Zustimmung oder Ablehnung geht *(over-simplification)* nur ein einfaches Medium benötigen.[16] Die persönliche Begegnung *(face to face)* wird einem hochkomplexen Kommunikationsmodell *(over-complication)* zugeordnet, das nur bei komplizierten Abstimmungsprozessen eingesetzt werden muss. Es geht um einen – dem Informationsgehalt angemessenen – sparsamen Einsatz von Ressourcen in der Kommunikation.

Bezogen auf die Überlegungen zu einer internetgestützten Versorgung bedeutet dies, dass eine einfache Kommunikationsverbindung zur Anwendung kommt, wenn eine Störung einfach behoben zu werden verspricht. Die diagnostische Differenzierung zwischen leichten und schweren Erkrankungen impliziert somit

---

16 Vgl. hierzu auch den Beitrag von Berger in diesem Band.

auch eine Entscheidung darüber, welches Medium genutzt werden sollte, um den Patienten eine angemessene Versorgung zukommen zu lassen.

Beispielsweise könnte bei einem halbstrukturierten Programm ein Gespräch mit einem »persönlichen Berater« eingesetzt werden, falls der Patient in eine Krise geraten sein sollte. Die – in einem halbautomatischen Programm nicht notwendigerweise vorgesehene – persönliche Begegnung könnte nötig werden, wenn der Patient akut gefährdet ist. Der Verdacht liegt nahe, dass bestimmte »Störungsbilder« generell durch solche Programme »betreut« werden könnten. Die Frage, inwiefern es sich dabei aber um Psychotherapie einer behandlungsbedürftigen Erkrankung handelt und nicht eher um Beratung in Lebensphasen mit vorübergehenden Befindlichkeitsstörungen, wäre eine eigene eingehendere Untersuchung wert. Erstaunlich daran ist, dass Krankenkassen überlegen, die Anwendung solcher Programme zu honorieren, obwohl diagnostisch nicht fachgerecht geklärt ist, ob überhaupt eine psychische Erkrankung vorliegt. Wenn dies gängige Praxis würde, so wäre neben der Deprofessionalisierung der Versorgung mit einer Honorarausweitung der Kassenleistungen wegen solcher Programme zu rechnen.

Einige Programme locken mit Angeboten, denen zumindest keine professionelle Diagnostik vorausgeht.[17] Geraten Patienten hier in eine akute Krise, so ist vollkommen ungeklärt, wer im Falle einer solchen Gefährdung die Verantwortung trägt: der Entwickler des angewendeten Programms, der Betreiber des Servers, der Berater oder der Nutzer selbst, weil er vielleicht entsprechenden Bedingungen zugestimmt hat, oder der Therapeut, der dem Patienten die Software empfohlen hat.

Demzufolge wird die Unterscheidung zwischen einer psychosozialen Beratung und einer Psychotherapie bedeutsam werden, um fachliche Grenzen zum Schutz der betroffenen Patienten ziehen zu können.[18]

Psychotherapie lässt sich nicht auf den Austausch von Informationen reduzieren. Auch komplexe Kommunikationstheorien, soweit sie überhaupt einem psychotherapeutischen Verfahren zugrunde gelegt werden können, geraten mit den eigenen Voraussetzungen in Widerspruch, wenn sie auf die Verhaltensweisen psychisch kranker Menschen treffen. Psychotherapie macht insofern diese Lü-

---

17 Dementsprechend wurde die Kritik laut, dass die Erfolge einiger Programme darauf beruhen, dass die Ausgangssituation der Probanden nicht valide untersucht wurde, sondern lediglich auf der Selbsteinschätzung der Studienteilnehmer beruhte. Eine fachlich begründete Diagnostik kann sich alleine auf diese Selbsteinschätzung des Patienten nicht berufen.
18 Vgl. dazu den Beitrag von Hardt in diesem Band.

cke in simplifizierenden Kommunikationstheorien sichtbar. Die Daten (sprich: Worte), die einer ins Netz gibt, werden übertragen zu einem Anderen. Es gibt jedoch keine Gewährleistung dafür, dass die Impulse, die diese Daten (sprich: Worte) auf den Weg gebracht haben, beim Empfänger in gleicher Weise ankommen. Hinzu kommt, dass die Bedeutung eines Wortes, das heißt die signifikanten Botschaften für die menschlichen Sender und Empfänger, selten die gleichen sind.

Diese Erfahrung dürfte jeder Therapeut schon hinlänglich gemacht haben. Auch wenn der Datenstrom den reibungslosen Austausch von Informationen unterstellt, so kann das digitale Netz nicht garantieren, dass die Interpretation der Daten auf beiden Seiten auch identisch ist. Psychotherapie versucht dieser Differenz gerecht zu werden, wenn sie das gesprochene Wort als Symbol für eine Sache wie auch als Symptom einer inneren Verfasstheit versteht. Im Sprechen selbst kommt die Beziehung zum Tragen, weil das Wort neben seinem Informationsgehalt auch Ausdruck einer je individuellen Zuwendung ist.[19] Die Annahme einer störungsfreien Übermittlung von Worten durch das Netz leugnet den Umstand, dass es Störungen gibt, die sich im Sprechen selbst ausdrücken. Die Bedeutung eines Wortes geht insofern grundsätzlich über seinen bloßen Inhalt hinaus.[20]

Synästhesie: Der Sinn der Sinne

Inzwischen wird die Formulierung des »persönlichen« Kontakts von unterschiedlichen Seiten als terminologisch unscharf und wenig aussagekräftig bewertet, woran auch deutlich zu werden scheint, dass der gemeinsame Erfahrungshintergrund strukturell verloren zu gehen droht. Der sich zwischen Therapeut und Patient entfaltende Erfahrungsraum bleibt aber ein wesentliches Agens für die diagnostische Beurteilung wie auch für die behandlungstechnischen Überlegungen, die eine Behandlung sinnvoll werden lassen. Dies impliziert auch das synästhetische Erleben zwischen zwei Personen, aus dem der Therapeut wichtige diagnostische Schlüsse ziehen kann. Für die psychotherapeutische Arbeit mit Kindern und Jugendlichen ist es selbstverständlich, dass es neben dem Austausch von Informationen über Symptomatik und Lebensgeschichte auch um

---

19 Vgl. hierzu die phänomenologischen Studien von Emmanuel Levinas, der darlegt, dass das Sprechen immer auch An-Spruch wie auch Ant-Wort ist, worin sich Beziehung erschließt.
20 Studien zum Spracherwerb belegen dies eindrucksvoll. Die frühen Beziehungserfahrungen sind wesentlicher Ausgangspunkt dessen, wann und auf welche Weise ein Kind zur Sprache kommt.

den zu beobachtenden Umgang des Patienten mit sich selbst, mit seinem Körper und seiner Umgebung, um seine Fähigkeit, Worte zu artikulieren und zu betonen, um die Prosodie, um den gestischen Austausch zwischen ihm und seinen Eltern, um das Zucken einzelner Muskelgruppen oder auch um den Geruch von Schweiß, Kot oder Urin gehen kann. Analog gilt dies auch für den unmittelbaren Eindruck, den Erwachsene hinterlassen, wenn sie den Raum des Therapeuten aufsuchen.

Der psychotherapeutisch geschulte Beobachter weiß, dass sich auch die Beziehung zwischen Mutter und Kind nicht nur auf den Austausch von Worten reduzieren lässt, dass beispielsweise die bedeutsame frühe Erfahrung der Reverie (etwa analog dem wortlosen Harmonieren beim Tanz) einen Beziehungsraum zwischen Mutter und Kind schafft, der die Potenzen frühkindlicher Entwicklungen zur Entfaltung kommen lässt. Wo dieser Erfahrungsraum jedoch noch über das Säuglingsalter hinaus wachgehalten wurde, kann dieser symbiotische Raum als »blindes und unaussprechliches Miteinander« zu einer massiven Beeinträchtigung der Autonomieentwicklung des Kindes führen. Derartige Eindrücke erschließen sich in einer Situation, in der sich der Raum als therapeutischer Raum in der Begegnung zwischen Therapeut und Patient (manchmal mit Bezugsperson) zu konstituieren beginnt. Dieser therapeutische Raum entfaltet sich im Zuge der persönlichen Begegnung als singulärer Raum und diese erlebnisbedingte Einzigkeit ist nicht austauschbar. Die Behebung des beschriebenen Problems der »Kanalreduzierung« (die Reduzierung der Sinneseindrücke durch die Anwendung von Medien, die nur auf bestimmte Sinnesreize zugeschnitten sind) durch technische Weiterentwicklungen stellt keine Lösung dar, da die Sinne der Personen in der Begegnung miteinander kommunizieren und dadurch ihren eigenen Resonanzraum entfalten.

Daher erweist sich auch die den computergestützten Programmen zugrunde liegende Annahme, Psychotherapie sei durch kommunikationstheoretische Instrumente zu erfassen, als prinzipielles Missverständnis. Psychotherapie besteht nicht alleine im Austausch von Informationen. Es mag möglich sein, das Hirnorgan als Datenverarbeitungsmaschine zu verstehen, doch psychische Prozesse verlaufen oft gerade nicht in vernünftigen Bahnen, sondern gehen komplizierte Wege.[21]

Psychotherapie ermöglicht die Bildung eines gemeinsamen Resonanzraums, in dem sich Menschen sowohl als sprachbegabte wie auch als psychosensorische Lebewesen begegnen. Die Reduzierung auf einen dieser Sinne würde eine grund-

---

21 Vgl. hierzu die Diskussion der Frage »Hirnorgan« in Fuchs (2010, S. 30ff.).

sätzliche Revision des ganzheitlichen Selbstverständnisses der Psychotherapie nach sich ziehen.

Psychotherapie ohne Medientheorie

Psychotherapie ist im Grunde schon immer auch eine Tätigkeit, die im erweiterten Sinne auf die Sinnstiftung durch Medien aufbaut, sei dies durch die Sprache, das Wort oder durch den Raum, der sich zwischen Therapeut und Patient als gemeinsames Agens der Vermittlung entfaltet. Doch obwohl das Modell des Mediums (reflektierte Vermittlung von Erfahrung und Wissen) zum selbstverständlichen Instrumentarium der Profession gehört, hat die Psychotherapie bislang keine systematische Medientheorie entwickelt, die in der Lage wäre, die Bedeutung der technologischen Entwicklungen für die menschlichen Beziehungen und deren sensitive Implikationen strukturell zu unterscheiden vom psychotherapeutischen Verständnis der unmittelbaren zwischenmenschlichen Begegnung. Daher erscheint die Formulierung »persönlicher Kontakt« inzwischen in einem anderen Licht, weil sich die kulturelle Konnotation aufgrund der technologischen Entwicklung verändert hat. »Persönlich« wird von den Usern im Netz nicht mehr als das interpretiert, was die Profession zum Ausdruck bringen wollte, als sie diesen Terminus als Selbstverständlichkeit in der Berufsordnung verankerte. Der in der Berufsordnung verwendete Begriff impliziert eine Erfahrung, die sich darin Geltung verschaffen sollte. »Persönlich« impliziert auch die persönliche Ansprache, während Kommunikation diese persönliche Ansprache nicht unmittelbar mit einschließt.

Die Einbeziehung von Medien in den psychotherapeutischen Behandlungsprozess bedarf einer umfassenden Reflexion der Strukturen des Mediums selbst. Bereits der Einsatz von Briefen oder Telefonaten verändert die therapeutische Beziehung. Der Raum zwischen den Akteuren verändert sich und kann das therapeutische Binnenverhältnis erheblich beeinflussen. Jeder schriftliche Austausch, jedes Telefonat kann zu unerwarteten Verzerrungen führen. Die Veränderung ereignet sich bereits, indem das gesprochene Wort zu einem geschriebenen Text wird, was im Internet meist der Fall ist. Unter anderem könnte diese Veränderung auch dazu führen, dass der Binnenraum durch den Einsatz der Medien nicht mehr geschützt ist. Dies geht über Erwägungen des Datenschutzes hinaus: Es rührt an dem sensiblen Punkt des Vertrauensschutzes in der Psychotherapie, sofern bereits die prinzipielle Möglichkeit der Datenspeicherung eine nachhaltige Irritation für die Vertraulichkeit der Behandlung darstellen könnte. Dieser

Aspekt sollte zumindest geklärt sein, bevor die diagnostische Exploration eingeleitet wird.

Da die Möglichkeit der Datenspeicherung an sich bereits die Rahmenbedingungen für die therapeutische Beziehung beeinflusst, ist auch schon die potenzielle Digitalisierung als eine Botschaft zu verstehen, die das analoge Sprechen in der Therapie überformt. Schreiben und Sprechen sind bereits zu unterscheiden, so wie das Sprechen mittels einer Apparatur von dem Sprechen im gleichen Raum unterschieden werden muss. Das Medium selbst ruft Veränderungen beim Sender wie auch beim Empfänger hervor, denn es verändert den Raum zwischen ihnen. »Die Auswirkungen der Technik zeigen sich nicht in Meinungen und Vorstellungen, sondern sie verlagern das Schwergewicht in unserer Sinnesorganisation und die Gesetzmäßigkeiten unserer Wahrnehmung ständig und widerstandslos«, schreibt dazu McLuhan (1992, S. 28) und erinnert daran, welche enormen Veränderungen technologische Entwicklungen (das Stellen des gesprochenen Wortes in Buchstaben, die Erfindung des Buchdrucks etc.) für das Selbst- und Weltverständnis des Menschen und damit auch für die Beziehungen zwischen Menschen hatten.

Die spezifischen Formen der Kommunikation und Beziehung in den virtuellen Settings stellen das zentrale Problem der E-Mental-Health-Angebote dar. Anders als in der heilkundlichen Psychotherapie muss sich der Nutzer den medientypischen Kommunikationsbedingungen unterwerfen. Die Interaktion erfolgt nicht nur kanalreduziert, sondern meist auch zeitversetzt. Anonymität und Distanz geben dem Nutzer das illusionäre Gefühl von Macht und Kontrolle. Diese neuen Kommunikationsbedingungen finden ihren konzeptuellen Ausdruck in Theorien wie der der »hyperpersonalen Kommunikation« (Walther, 1996) oder der Theorie der »Internet-Regression« (Holland, 1996). Folgt man deren Kernaussagen, so führt die depersonalisierte Kommunikation zum Abbau von Hemmung und Scham (Disinhibition), was einen rascheren, intimeren und intensiveren Austausch von Informationen ermögliche.[22] Unterstützt werde dies durch die virtuelle Beziehung, die eine ungleich stärkere Idealisierung bei gleichzeitiger Entmachtung des imaginierten Anderen bewirke.

Ob diese neue »Freiheit« die Qualität der Beziehung verbessert, bleibt jedoch fraglich, denn sie führt zu problematischen Selektionsprozessen und auch zur Beliebigkeit. Es kann hier auch nicht mehr die Beobachtung des aufmerksamen Therapeuten helfen, der in diesem neuen Arrangement hilflos und fern

---

22 Diese Darlegungen nehmen Bezug auf die Diskussion mit meinem Kollegen Jörg Wollstadt, bei dem ich mich hier besonders für die hilfreichen Hinweise bedanken möchte.

bleibt. Noch weniger Möglichkeit zur unmittelbaren Reaktion bietet die Interaktion mit einem modularisierten Computerprogramm (vgl. Rupert, 2010).

Vorläufiges Resümee: Der hilfesuchende Patient – Psychotherapie oder Beratung

Eine professionelle Fernbehandlung[23] durch das Internet ist nicht nur unter rechtlichen Gesichtspunkten derzeit nicht möglich. Insbesondere aus fachlichen Gründen ist eine solche Entwicklung psychotherapeutischer Behandlungsmethoden problematisch, weil wesentliche Qualitätsmerkmale der Psychotherapie nicht erfüllt sind. Die bisher vorliegenden Forschungsstudien versuchen den kurzfristigen Erfolg zu belegen und legen den Probanden sogar Fragen zur Beantwortung vor, ob der Internetkontakt als »persönlicher Kontakt« erlebt worden sei – ganz im Sinne der Berufsordnung. Da der Erfolg der Maßnahme und die »persönliche Erfahrung« meist eng miteinander verknüpft sind, ist fraglich, welche Aussagekraft die Beantwortung einer solchen Frage bei internetaffinen Probanden hat, die ihren Zugang zum Internet stets als »persönlich« zu nutzen gewohnt sind. »Das Persönliche« im Internet hat sich inzwischen selbst als fataler Irrtum erwiesen, weil alle Daten potenziell einsehbar sind. Auch sonst sind die Studien mit Vorbehalt zu betrachten (wie zum Beispiel fehlende Eingangsdiagnose, hohe Drop-Out-Rate oder Anonymität der Teilnehmer), genügen sie doch oft in erster Linie den Erwartungen ihrer Auftraggeber. Keine Studie berücksichtigt die Bedeutung des Wechsels von der realen Begegnung zu einer virtuellen Begegnung im Netz, die zu bedeutsamen Unschärfen im Beziehungserleben führen kann.

Das Internet ermöglicht es Ratsuchenden, orts- und zeitunabhängig Informationen und Unterstützung zu finden. Ein niedrigschwelliges Angebot kann dazu beitragen, dass auch Menschen erreicht werden, die den Weg zum Psychotherapeuten noch nicht auf sich genommen haben. Die Qualität der Informationen und der Beratungsmöglichkeiten ist jedoch bisher kaum zu überschauen. Insofern können Beratungsmöglichkeiten im Internet eine Bereicherung darstellen, doch können solche Angebote auch zu nachhaltigen Verunsicherungen bei Menschen

---

23 Der Begriff der Fernbehandlung ist dem Medizinrecht entnommen. Eine Fernbehandlung liegt nach der klassischen ärztlichen Definition vor, »wenn der Kranke oder für ihn ein Dritter dem Arzt, der die Krankheit erkennen und behandeln soll, Angaben über die Krankheit, insbesondere Symptome oder Befunde, übermittelt und dieser, ohne den Kranken gesehen und die Möglichkeit einer Untersuchung gehabt zu haben, entweder die Diagnose stellt und/oder einen Behandlungsvorschlag unterbreitet« (Rieger, 1984).

führen, die ernsthaft erkrankt sind. Internetgestützte Kontakte können mithin zu einem Auslöser von Krisen werden, wie auch eine unsachgemäße Beratung zu einer Chronifizierung einer Erkrankung führen kann, weil sie nicht professionell behandelt wurde.

Die strukturierten Ansätze im Internet konzentrieren sich auf die Behandlung eines Störungsbildes, sodass häufig auftretende Komorbiditäten unberücksichtigt bleiben. Die Patienten werden hierdurch auf eine einzige Symptomatik reduziert. Die Nutzer haben sich den Kommunikationsbedingungen des Programms zu unterwerfen und können beispielsweise nicht das Behandlungsschema durchbrechen. Dadurch sind auf der anderen Seite auch die behandlungstechnischen Möglichkeiten des Therapeuten eingeschränkt. Der oft als vorteilhaft beschriebene Abbau von Scham und Hemmung (Inhibition) kann im Verlauf der fortgesetzten Behandlung im Internet zu einer realitätsfernen Beziehungsvorstellung führen. Grundsätzlich drohen die Grenzen zwischen Virtualität und Wirklichkeit zu verschwimmen, was insbesondere bei schwer kranken Patienten zu nachhaltigen Einbrüchen führen kann. Die Möglichkeit, das Internetprogramm unverbindlich und unabhängig von Raum und Zeit zu nutzen, kommt vielen Ratsuchenden entgegen, denen die Erfahrung des Mangels und des Aufschubs in der Realität erhebliche Schwierigkeiten bereitet und die daher in der virtuellen Welt ihre prekäre Heimat gefunden haben.

Noch räumen die meisten Programme den schriftsprachlichen Mitteilungen den Vorrang vor lautsprachlichen Äußerungen ein, was das Erleben der Beziehung beeinflusst, jedoch umgekehrt keine Berücksichtigung in den Studien über das Selbstverständnis der Probanden findet.

Da mit einer weiteren rasanten Verbreitung von Programmen zu rechnen ist, die möglicherweise nicht als Psychotherapie im Netz firmieren, aber der Spekulation Raum geben, es handle sich möglicherweise doch um »eine Art Psychotherapie«, wird es insbesondere im Sinne des Wohls der Patienten wie auch im Sinne der Aufrechterhaltung eines fachlichen Anspruchs, immer wichtiger werden, die Grenzen zwischen Psychotherapie als Behandlung und seelsorgenaher Beratung deutlich zu markieren.

Die Beratung in psychischen Krisen ist ein weites Feld, das womöglich auch vielen Ratsuchenden eine gute Unterstützung sein kann, doch Psychotherapie impliziert, dass der Patient sich mit seinem Leid einem Therapeuten anvertraut, der fachlich dazu befähigt ist, ihm zu helfen, und hierfür auch die Verantwortung auf sich nimmt. Dafür wurden von der Profession Rahmenbedingungen geschaffen, die wissenschaftlich begründet sind. Die Beratungs- und Behandlungsangebote im Internet für Menschen in psychischen Notlagen könnten nämlich auch dazu führen, dass die erreichten Erfolge der Profilierung eines wissenschaftlich fundierten Berufsprofils aufgeweicht werden und zu einem inflationären Angebot führen, in dem für Hilfesuchende kaum noch durchschaubar ist, wer Psychotherapie anbietet und wer eine postmoderne Form der seelsorgerischen Pflege im Netz betreibt.

Dass der Psychotherapeut die Anwendung digitaler Medien fachlich für sich klären muss, ist ein Aspekt, der an die persönliche Integrität und Seriosität appelliert. Dass keiner durch die Nutzung von externen Programmen aus der Verantwortung für den Patienten entlassen wird, sollte bei jedem Einsatz durch einen Psychotherapeuten/eine Psychotherapeutin klar sein. Diese Verantwortlichkeit wird bleiben, wenn die Psychotherapie ein akademischer Heilberuf bleiben soll.

Literatur

Colby, K. M., Watt, J. B. & Gilbert, J. P. (1966). A Computer Method of Psychotherapy: Preliminary Communication. *The Journal of Nervous and Mental Disease, 142*, 148–152.

Fuchs, T. (2010). *Das Gehirn – ein Beziehungsorgan. Eine phänomenologisch-ökologische Konzeption.* Stuttgart: Kohlhammer.

GBA (1999). Richtlinie des Gemeinsamen Bundesausschusses über die Durchführung der Psychotherapie (Psychotherapie-Richtlinie). *Bundesanzeiger,* 51(6), 249–251. http://www.kbv.de/media/sp/1998_12_11_Psycho_Neufassung_RL_1999_01_01_BAnz.pdf (3.9.2014).

Holland, N. N. (1996). The Internet Regression. http://users.rider.edu/~suler/psycyber/holland.html (03.09.2014).

Lanier, J. (2014). *Wem gehört die Zukunft? Du bist nicht der Kunde der Internet-Konzerne, du bist ihr Produkt.* Hamburg: Hoffmann und Campe.

McLuhan (1992) [1964]. *Die magischen Kanäle.* Düsseldorf: ECON.

Mitscherlich, A. (1984). Die psychosomatische und die konventionelle Medizin. In A. Mitscherlich, T. Brocher, O. von Mehring (Hrsg.), *Der Kranke in der modernen Gesellschaft* (S. 140–152). Frankfurt/M: Kiepenheuer & Witsch.

Reichwald, R. Möslein, K., Dachenbacher, H. & Englberger, H. (2000). *Telekooperation. Verteilte Arbeits- und Organisationsformen.* Heidelberg: Springer.

Rieger, H.-J. (1984). *Lexikon des Arztrechts.* Berlin: De Gruyter.

Rupert, M. (2010). Psychodynamische Aspekte der virtuellen Beziehung. Ist Psychotherapie per Internet möglich?. *Psychosozial, 122*(4), 109–117.

Shannon, C. E. & Weaver, W. (1949). *The Mathematical Theory of Communication.* Illinois: Univ of Illinois Press.

Walther, J. B. (1996). Computer-mediated communication: Impersonal, interpersonal, and hyperpersonal interaction. *Communication Research,* 23(1), 3–43.

Weizenbaum, J. (1977). *Die Macht der Computer und die Ohnmacht der Vernunft.* Frankfurt/M: Suhrkamp.

Psychotherapie unter Herrschaft des Man II[1]

Beziehungen im Internet

Jürgen Hardt

> »Der Idiotismus opponiert gegen die neoliberale Herrschaftsmacht, gegen deren Totalkommunikation und Totalüberwachung. Der Idiot ›kommuniziert‹ nicht. Ja, er kommuniziert mit dem Nicht-Kommunizierbaren. So hüllt er sich ins Schweigen«
>
> *Han (2014, S. 110)*

I

Vor Kurzem habe ich auf einer Tagung ebenfalls über Psychotherapie im Internet gesprochen – deswegen der Titel, der eine Fortsetzung anzeigen soll – und für meine These, dass diese eine Psychotherapie des Man sei, viel Zustimmung bekommen. Die Kolleginnen und Kollegen, zu denen ich sprach, sind zurzeit damit beschäftigt, Kennzeichen für die Übergänge und Unterschiede zwischen Beratung und Psychotherapie zu entwickeln.[2] Der von mir vertretene Differenzierungsansatz zwischen einer Behandlung des Selbst und einer Behandlung des Man scheint ihnen ein vielversprechender Weg für diese Unterscheidung.

Das Besondere an dieser Tagung war für mich aber, dass eine Gruppe von Schülern eines Gymnasiums Ergebnisse einer kleinen Studie vortrug, die sie unter Anleitung der Schulpsychologin, assistiert von zwei KollegInnen von der dortigen Universität, durchgeführt hatten. Die Befragung, von der sie berichteten,

---

[1] Dieser Beitrag ist als Weiterentwicklung der Gedanken des Autors zum Thema Internetpsychotherapie zu verstehen, über die er im Laufe des Jahres 2014 verschiedene Vorträge mit anschließender Diskussion gehalten hat. So ist eine Collage entstanden.

[2] Ob hier von einem Gegensatz oder von einer Ergänzungsreihe mit seltenen reinen Extremformen und vielen Mischformen, deren Funktionieren im Zusammenwirken rekonstruiert werden kann, ausgegangen werden sollte, ist eine methodische sowie beratungs- und therapietheoretische Frage. Psychoanalytisch gesehen liegt die methodische Anordnung in einer Ergänzungsreihe nahe, denn damit würde die ganze Breite der Praxis einer Reflexion zugänglich.

kreiste um die Frage, wie der Medienkonsum von 10–15-Jährigen und in einer zweiten Gruppe von älteren Mitschülern aussieht – wichtiger aber noch, was die Eltern vom Medienkonsum ihrer Kinder wissen und wie sie damit umgehen. Das Fazit der Schüler war, dass die Eltern keine Ahnung vom Medienkonsum ihrer Kinder haben und unfähig oder nicht willens sind, regulierend oder hilfreich orientierend einzugreifen. Jede einzelne Präsentation der Schüler war begleitet von einem anrührenden Appell an die ältere Generation, die Kinder mit den Verführungen und Verlockungen der neuen Medien nicht alleine zu lassen. Aufklärung alleine nütze nichts, meinten sie übereinstimmend, Eltern müssten neue Formen der Regulation vermitteln, damit Kinder und Jugendliche dem Sog der neuen Medien widerstehen könnten.

Man könnte einwenden, dass es sich um Klagen und Bitten von wohlerzogenen Kindern handelt, die den Erziehern nach dem Mund reden und erzählen, was diese erwarten. Aber diesen Eindruck hatte keiner der kritischen Anwesenden. Im Gegenteil betonte eine Kinder- und Jugendlichentherapeutin, die neben ihrer Praxis beratend in einem sozialen Brennpunkt tätig ist, dass das Ausmaß von Auslieferung an die neuen Medien, von dem berichtet wurde, geringfügig sei im Vergleich zum Medienkonsum von Kindern in prekären Verhältnissen.

In den Befunden der Schüler stellt sich ein Problem dar, das seit vielen Jahren heftig diskutiert wird: die kulturellen Auswirkungen der neuen Medien auf unser Zusammenleben, auf das Verständnis von Wirklichkeit, von Wissen und Bildung, vom menschlichen Leben und vom Menschen selbst. Die nachfolgende Generation wird zwar einerseits – und ist schon dabei – Wege finden[3], mit den neuen Medien als Werkzeugen im Leben umzugehen, sie ist aber auch den Verlockungen und Versprechungen der Medienwelt in besonderer Weise ausgesetzt, weil sie aus den geborenen »Kunden« eines prosperierenden und aggressiv expandierenden Marktes besteht. Dieser ökonomisch erfolgreiche Medienmarkt stellt sich mit großem Werbeaufwand als bescheiden und dienstbar sowie als global fortschrittlich und mächtig dar und dringt damit unaufhaltbar in alle Lebensbereiche vor. Zur neuen Mediatisierung scheint es keine Alternative zu geben.

Dass die neue Medienmacht sich einer umfassenden Ideologie bedient, die sie erfolgreich als nüchterne Sicht der Dinge verkauft, entgeht leicht dem Blick.

---

[3] So kann man trotz der Allgegenwart und unbeschränkten Erreichbarkeit von Pornografie im Internet nicht von einer heranwachsenden »Generation Porno« reden. Die Ergebnisse der Hamburger Arbeitsgruppe zum Mediengebrauch der Jugendlichen und zu dessen Einfluss auf ihre sexuelle Entwicklung widerspricht den Visionen einer Generation, die sexuell verwahrlost; die Pornografie in jeglicher Form muss aber integriert werden und das stellt besondere Ansprüche (vgl. Martiniuk et al., 2013 sowie Döring, 2008).

Ganz in der Tradition des Begründers des ökonomischen Neoliberalismus, Friedrich August von Hayek, ist es ihr gelungen, ihre ideologischen Setzungen zu verschweigen, sie unsichtbar zu machen, sodass sie als Selbstverständlichkeiten hin- und angenommen werden, ohne dass ihr geschichtliches Herkommen und ihre dürftigen Behauptungen diskutiert werden. Sie scheint sich endgültig als alternativlos[4] etabliert zu haben (s. a. Hampe, 2014, S. 36ff.[5]).

Dabei ist die neue Medienwelt von einer Heilsgewissheit (Hardt, 2009) beseelt, die sie mit großen Versprechungen in alle Welt trägt, um neue Märkte zu eröffnen. Die pseudoreligiösen Lebenspraktiken sind oft beschrieben worden (vgl. Borsook, 2001; Lanier, 2014), die Kooperation mit mächtiger Politikberatung und die erfolgreiche Lobbyarbeit in allen Politikbereichen sind kein Geheimnis, sodass kulturelle Wachsamkeit angezeigt ist.

Es stellt sich die Frage: Mit was lässt sich Psychotherapie als eine Heilkunde, die dem Leben verspflichtet ist, ein, wenn sie ins Netz geht? Kann sie das unbedacht tun, dem (Irr-)Glauben folgen, die neuen Medien stellten nur besonders effektive Werkzeuge zur Datenverarbeitung bereit, deren Gebrauch keine Auswirkung auf die Menschen und ihr Leben hat? Die Pädagogik hat die Probleme längst erkannt[6] – umso verwunderlicher ist es, dass in der Literatur zur Internettherapie keine medienkritischen Überlegungen zu finden sind.

---

4   Margaret Thatcher, die Hayek bewunderte und mit Friedman kooperierte, hat seit Beginn ihrer Amtszeit, immer wieder das TINA-Prinzip *(there is no alternative)* als Leitlinie ihrer Sozialpolitik betont. In der nachfolgenden Politikergeneration hat sich die Sprachformel fest etabliert und verselbstständigt (vgl. Steger & Roj, 2010).

5   Hampe (ebd.) stellt fest: »Die sogenannte ›Postmoderne‹ trifft hier mit ihren vermeintlichen Einsichten über das Ende der großen Erzählungen keine Schuld«, um dann im nächsten Kapitel mit dem Satz zu beginnen: »Denn anders als im Anschluss an Lyotard vielfach behauptet wurde, sind die großen Erzählungen gar nicht verschwunden. Sie hausen jedoch nicht mehr in philosophischen Systemen, sondern sind ausgewandert [...]«. Was in Lyotards kleiner Arbeit leicht übersehen wird, ist, dass er nur feststellte, dass die großen Erzählungen keinen Glauben mehr finden und damit eine Lücke in der Legitimation des Bemühens um Wissen und Emanzipation entsteht. Dabei ist unverkennbar, dass er eine neue Legitimationserzählung aufkommen sah: die der Performativität, die sich auf das Zusammenspiel von Computerisierung, das heißt Digitalisierung, und Ökonomisierung beruft. Allerdings konnte Lyotard vor über 30 Jahren noch nicht absehen, in welchem Ausmaß die neue Erzählung als Marktideologie sich als unhinterfragte Selbstverständlichkeit durchsetzen würde – als neue Heilslehre des globalen Ökonomismus, der auf alle Lebensbereiche übergreift (vgl. Hardt, 2009).

6   Besonders Jürgen Oelkers (stellvertretend Oelkers, 2001) hat seit Jahren in vielen Publikationen auf die Auswirkungen der neuen Medienwelt auf Lehre und Bildung und die Verwicklung zwischen Medienpropaganda und neoliberalen Wirtschaftsinteressen hingewiesen.

Weiß die Psychotherapie überhaupt, auf was sie sich einlässt, wenn sie ins Netz geht? Nimmt sie die bescheiden auftretende, aber mächtige Ideologie im Hintergrund der Informationswirtschaft wahr, in deren Bereich sie eintritt? Weiß sie, um was es geht, wenn in einer vorgeblichen Bescheidenheit Wissen und Einsicht als Anmaßung diffamiert werden (Hardt, 2011)? Wenn die angebliche Freiheit des globalen Marktes oberste Autorität in algorithmisierten Entscheidungen werden soll (Hardt, 2014d)? Kennt sie die Verachtung von Psychologie und Soziologie als Menschenwissenschaften, die neoliberale Autoren wie von Hayek und Friedman teilten? Hat sie sich je mit den psychologisch dürftigen Theorien der Spieltheorie[7] befasst, die als neue Fundamentalsicht auftritt? Spielt die Kulturkritik, die die neuen Medien seit über 30 Jahren begleitet, in ihren Überlegungen überhaupt eine Rolle? Und wie steht die Psychotherapie zu den vielen ernsten Bedenken, die formuliert worden sind?

II

Dass ich für diesen Beitrag den Titel »Psychotherapie unter Herrschaft des Man« gewählt habe, mag befremden, belustigen oder ärgern. Vielleicht haben Sie gedacht, das ist wieder typisch für einen wertkonservativen Bedenkenträger, der vielleicht als *digital immigrant* mal eine Stippvisite in die Welt der neuen Medien gemacht hat, aber ansonsten keine Ahnung hat von dem, worüber er redet. Jemand, der an der Eigentlichkeit des Menschen festhält, die doch längst desavouiert ist. Über solcherart Bedenken kann man sich leicht hinwegsetzen, denn der Lauf der Welt wird über solche Gedanken hinweggehen und der gnadenlose Wettbewerb des freien Ideenmarktes hat schon sein Übriges getan: Man kennt solche Gedanken nicht mehr.

Deswegen zwei Klärungen vorweg:
1. Unter »Internettherapie« verstehe ich psychotherapeutische Krankenbehandlung, die im Internet angeboten wird und sich des Netzes als Medium bedient. 2009 bin ich in meiner Aufsichtsfunktion als Kammerpräsident auf Internettherapie aufmerksam gemacht geworden.[8] Damals ging es um Berufsrechtsfragen, denn nach der geltenden Berufsordnung für Psycho-

---

7 Rieck (2006) liefert in seinem Internetauftritt »Professor Rieck's Spieltheorie-Seite« besonders peinliche Beispiele zur Illustration der Denkweise und der Leistungsfähigkeit der Spieltheorie: »Wieso Ärzte streiken« oder »John Nash auf der Damentoilette«.
8 Darüber habe ich 2012 im DGPT-Band *Nutzt Psychoanalyse?!* berichtet (Hardt, 2012a).

logische Psychotherapeuten sowie Kinder- und Jugendlichenpsychotherapeuten sind Fernbehandlungen untersagt. Später habe ich mich tiefer in die Thematik eingearbeitet und mich zunehmend mit der psychologisch-kulturellen Bedeutung der Virtualität befasst. Unter Internettherapie verstehe ich nicht die Nutzung elektronischer Wege zur Aufklärung und Beratung bzw. zur Überbrückung von Abwesenheit und Distanz in »regulären«, also Face-to-Face-Therapien. Hier geht es um Internettherapie, die als gleichberechtigte oder gar überlegene Alternative zur herkömmlichen Psychotherapie im Netz auftritt.

Ob die kulturpsychologischen Grundprobleme, die ich anführen werde, auch für Beratungs- und subsidiäre Beziehungen gelten, muss untersucht und bewertet werden. Bisher muss/kann jeder Psychotherapeut selbst verantworten, welchen Gebrauch er/sie in der therapeutischen Praxis von den digitalen Medien macht, wie Chancen und Risiken bewertet werden und inwieweit die eigene therapeutische Praxis mit dem kulturellen Mainstream schwimmt oder kritische Distanz dazu einnimmt. Möglicherweise hat die Psychotherapie des Man ihre legitime Anwendung in Beratungsprozessen.

2. Die Formulierung »Man« nimmt einerseits eine alltägliche Redeweise auf, folgt aber zugleich der existenzialen Interpretation Martin Heideggers in *Sein und Zeit*. Die Rezeption seiner Analyse ist aber tendenziös verstellt, weil das Man in der Heidegger'schen Konzeption einseitig als Uneigentlichkeit aufgefasst worden ist. Maurice Merleau-Ponty hat das Man aus dieser minderen Position wieder in die angemessene Stellung als Existenzial jeden Da-Seins erhoben, als Grundlage, auf die das Subjekt nicht verzichten kann und das es in seiner Eigenart zugleich bedroht.

III

Man sucht Therapie, wenn man nicht mehr mit sich zurechtkommt und sich nicht mehr zu helfen weiß. Im alltäglichen Reden – das wir als Therapeuten oft ungeduldig unterbrechen – zeigt sich, dass das Selbstsein als Man – das Man-Selbst – ein mächtiges Regulativ des Alltags ist: Es bestimmt, was richtig ist und wie man zu sein hat. Wir »erziehen« unsere Patienten oft mehr oder weniger direkt dazu, nicht von »man« zu reden, wenn sie sich selbst meinen und verbuchen dieses Reden von »man« als eine Abwehr – auch wenn wir nicht analytisch denken –, um von sich selbst abzulenken. Das Man ist nichts Besonderes, sondern das Allgemeinste und Gewöhnlichste, was sich vom Menschen sagen lässt; es ist jeder und keiner (Heidegger, 1963, S. 113–130). So bezeichnen und verstehen die Menschen sich gewöhnlich: als man.

Das Man ist das Subjekt der Alltagspsychologie und Alltagspsychotherapie. Das Man ist im allgemeinen Gebrauch ein öffentliches Subjekt; weil es so ist, wie man gewöhnlich und normalerweise ist und zu sein hat, kann es mitgeteilt werden. Es ist als das Allgemeinste jedem zugänglich, also braucht es auch keinen besonderen Schutz, es kann sich jedem zeigen, der ein Anderer und zugleich immer auch Man ist. Für das Man ist die Privatheit nicht erforderlich, es ist überall schon da, öffentlich verstreut und braucht kein Geheimnis. So ist für das Man die Diskretion, die die Psychotherapie bisher kennzeichnete, überflüssig. Selbst Datensicherheit, die niemand im Netz absolut garantieren kann, spielt im Bereich des Man keine Rolle, das Man hat nichts zu verbergen und kann sich ausstellen.

Man weiß, was sich gehört und was man zu tun hat, wenn etwas nicht so läuft, wie man es erwartet. Wir wissen, wie man sich helfen kann, wenn man nicht gut drauf ist. Wenn nicht mehr gelingt, was man alltäglich tut, ist das alltägliche Wissen und Können am Ende. Wenn Alltagspsychologie und Alltagspsychotherapie des Man mit ihren Rezepten für das Leben nicht mehr ausreichen, wird Fachlichkeit abgefragt (vgl. Hardt, 2007a).

Im Scheitern des Man setzt die fachliche Psychotherapie ein; sie nimmt die alltägliche Sicht zur Kenntnis und löst sich entweder von dem, was man zu wissen und zu können glaubt, oder sie bietet als Beratung bruchlos eine Wiederaufrichtung des Man. Die aufklärende Psychotherapie – und aus psychoanalytischer Sicht handelt es sich nur hier um Psychotherapie – stellt die Alltagspsychotherapie des Man radikal infrage und transformiert sie, um sie verändert wieder zu errichten. Die beratende und coachende »Psychotherapie« setzt das Man unbefragt und gestärkt wieder in Gang.

Das gilt auch für alltagspsychotherapeutische Interventionen. Man gibt jemandem einen guten Rat, derjenige befolgt ihn und hat etwas davon. Dem fachlichen Kontakt gehen alltagspsychotherapeutische Diagnosen voraus, die Alltagsprozesse – wie einen Arzt aufsuchen o. Ä. – in Gang setzen, die zu einer Behandlung führen können. Man stellt fest, dass jemandem eine Beziehung fehlt, insofern eine Beziehung sie/ihn ausgeglichener machen würde. Und der Arzt rät »unter die Leute zu gehen und sich nicht in den eigenen vier Wänden zu begraben«. So ist Beziehung ein alltägliches Therapeutikum gegen Traurigkeit, denn das Alleinsein macht melancholisch, wie man schon immer wusste. Descartes verordnete seiner Patientin Elisabeth von Böhmen mehr Geselligkeit.

Es ist wenig sinnvoll, eine klare Grenze im Gebrauch von Alltagspsychotherapie und professioneller Psychotherapie ausmachen zu wollen; eher ist es so, dass die beiden Strategien ineinander übergehen, sich gegenseitig verstärken. Aber sie stehen auch im Kontrast zueinander: Die Alltagspsychotherapie versteht sich von selbst, die professionelle muss sich ausweisen. Und wichtiger: Alltagspsychotherapeutische Techniken – etwas, was die Psychoanalyse lehrt – können sowohl Leiden verursachen als auch gegen den therapeutischen Prozess als Widerstand verwendet werden.

So haben sich unterschiedliche Strategien in Bezug auf das Alltagsverstehen und die Alltagspsychologie entwickelt. Es gibt Psychologien, die den direkten Anschluss an das Alltagsverstehen suchen und sich immer im Bereich der Plausibilität bewegen. Sie bieten eine Verfeinerung, möglicherweise auch Komplizierung des alltäglichen Wissens und Könnens, möchten aber die Grundprinzipien erhalten.

Dem steht die Strategie der Psychoanalyse gegenüber, die das alltägliche Selbstverstehen der Menschen, das heißt das Selbst, radikal infrage stellt, es dekonstruiert, zerlegt und analysiert, um es sich dann neu organisieren zu lassen. Wenn das Selbstverstehen infrage gestellt wird, so muss es doch wieder errichtet werden. De facto haben wir es mit einer Durchdringung der gegensätzlichen Konzepte von Alltagspsychotherapie und professioneller Psychotherapie zu tun, denn auch die Psychoanalyse versucht, das alltägliche Selbstverstehen wieder zu erreichen, allerdings in modifizierter Form.

IV

Viele suchen Ratschlag, bevor sie sich in Therapie begeben, zuerst im vertrauten Umfeld des Man, wo man sich kennt. Wenn das nicht ausreicht, gehen sie auf den boomenden Beratungsmarkt und dort gibt es eine Fülle von Angeboten.

Der dort angebotene Rat für das Man ist hilfreich und kostbar in einer lebensfernen Kultur, in der das Wissen vom Leben nicht mehr erzählend tradiert wird – in einer Zeit, in der nicht mehr weitergegeben wird, was man tun kann, wenn es einem nicht gut geht. Da ist der Beratungsbedarf groß, was an der Flut von Beratungsliteratur für alles und jedes abzulesen ist. Besonders im Internet gibt es solche Art von Beratung als Massenware. Dieser Rat ist bequem, anonym und personalisiert, das heißt im Verständnis der User höchstpersönlich, weil jeder eine Antwort findet, die passt. Der Ratgeber selbst ist keiner und jeder, eben Man.

Im Netz bieten Man-Experten an zu helfen, wenn man nicht mehr weiterweiß – überall, sofort, immer, schnell und angenehm. Mit diesen Versprechungen bieten sich die erwiesenermaßen erfolgreichen Internettherapien von sozialen Phobien, Angststörungen und Depressionen an. Wie die ihnen zugrunde liegende kognitive Verhaltenstherapie (KVT) sehen sie in dieser Kundenfreundlichkeit einen besonderen Gewinn. Damit haben sie aber die Grenze zwischen der Therapie des Man und der Therapie des Selbst geschliffen und leisten als Beratung für das Man förderliche Dienste.[9] Allerdings bekommt die Frage, was mit der Psychotherapie geschieht, wenn sie ins Netz geht, in diesem Zusammenhang einen anderen Sinn. Sie müsste lauten: Um was für eine Psychotherapie handelt es sich, wenn sie unbeschadet ins Netz gehen kann?

Was spricht dagegen, solche psychotherapeutische Hilfe auch in den neuen Medien anzubieten? Nichts, wenn die Anbieter wissen, was sie tun.[10]

Wesentlich bleibt die Frage, warum Patienten von diesen ferntherapeutischen Angeboten profitieren – und wichtiger: Handelt es sich hier um eine Form von hilfreicher Beratung oder um Therapie? Es ist eine Beratung, die hilft, weil sich Menschen verstanden und in ihrem Selbstverständnis wieder aufgerichtet fühlen, weil sie verstehen, was ihnen angeboten wird, und sie am Behandlungsprozess mitwirken können. Der Horizont des alltäglichen Man wird nicht überschritten; das nenne ich Psychotherapie des Man.

Das Man umschreibt den Kreis des alltäglichen Selbstverständnisses, dort kennt man sich mit sich und den anderen aus. Eine beratende Fernpsychotherapie kann keine Arbeit am Fundament des Selbstverstehens leisten (s. u.). Das Man-Selbst wird gestützt und nirgendwo infrage gestellt. So wird das Man-Selbst wie-

---

9 Weil die KVT auf die Annahme von psychologischen Strukturen verzichtet und weitgehend psychologische Konstruktionen vermeidet, die die Alltagspsychologie überscheiten, kann sie sich mit Effektstudien ihrer Interventionen als Wahrheitsbeweis begnügen. Damit gewinnt sie eine Alltagsplausibilität, die jedermann einleuchtet, und die komplizierten Ableitungen psychischer Strukturen und psychischer Krankheiten als dem Leiden zugrunde liegende »Wesenheiten« erübrigen sich (vgl. Hardt, 2014a).

10 Das würde eine wirkliche medienpsychologische Reflexion voraussetzen, die in den Standardwerken (z. B. Six et al., 2007) aber nicht geleistet wird. So ist oft von der Gleichwertigkeit der Internettherapie mit der üblichen Face-to-Face-Therapie zu lesen (z. B. Klasen et al., 2013). Die Autoren Wagner, Horn und Maercker vertreten die gleiche Meinung (Wagner et al., 2013). Bei genauerer Lektüre ihres Untersuchungsberichtes erscheint die öffentliche Rezeption ihrer Ergebnisse in den Medien als arge Vergröberung und Übertreibung, so, wie es sich für den Werbemarkt gehört. Besonders das Versprechen der Kostensenkung durch Internettherapie scheint die Befunde interessant zu machen. In der Studie werden die Ergebnisse von modularisierten KVT-Interventionen dargestellt, die im gleichen Schema, nur in unterschiedlichen Formen – face to face vs. virtuell – appliziert wurden. Es gibt zwar eine Sozialpsychologie des Internets (z. B. Döring, 2003), deren Befunde wurden aber m. W. bisher nicht systematisch für eine Reflexion der Internetpsychotherapie genutzt.

der aufgerichtet und kann sein alltägliches Geschäft wieder aufnehmen. Nichts Weiteres ist geschehen.

Der Kranke hat keine Chance mehr, sich im Scheitern neu zu verstehen. Dass früher der kulturelle Sinn der Depression war, aus der Krankheit vorher undenkbar Neues zu schaffen, und dass sie als melancholisches Leiden an der Welt dem Projekt der Moderne den entscheidenden Anstoß gab – wie bei Dürer, Montaigne oder später Descartes – ist den Technikern der Psychotherapie unbekannt und fremd; sie erfüllen ihre Funktion im System des Man und das ist alles: Sie stellen das Man wieder her.

Dabei wird die Grenze zwischen Beratung und Therapie undeutlich.[11] Es gibt zwar Übergänge und Zwischenzonen, je nach therapeutischer Strategie unterschiedlich betont und bewertet. Wenn allerdings, wie ich das tue, die oft hilfreiche und ausreichende Alltagspsychotherapie des Man von der methodisch ausgewiesenen fachlichen Psychotherapie des Selbst unterschieden wird[12], dann wird die zu befragende Bindung an das Man zur Kennzeichnung einer Grenze, die angibt, was professionelle Psychotherapie leisten kann.

Diese Überlegungen sollen nicht zur Mahnung an die eigentliche Aufgabe der Psychotherapie dienen, aber eine Verwahrung gegen eine Fehlentwicklung sein, die die Psychotherapie unbedacht der Herrschaft des Man preisgibt und die ihr gestellte Aufgabe, das Selbstsein zu hüten, verrät. Es wird zu untersuchen sein, was eine Fernpsychotherapie in Abwesenheit des anderen zu leisten vermag, dann, wenn Psychotherapie nicht in einer geteilten lebensweltlichen Situation geschieht, wenn sich die Partner der Psychotherapie nicht von Angesicht zu Angesicht (Levinas, 1983) begegnen.

V

Aber das Man ist nichts Geringes! Es steht nicht im Gegensatz zur Eigentlichkeit des Menschen, und eine Psychotherapie des Man verfehlt nicht jegliche

---

11 Wenn die Psychotherapie sich ausschließlich in der Plausibilität des alltäglichen Verstehens bewegt, droht ihr trotz des großen statistischen Aufwands von Effektivitätsstudien eine schleichende Deprofessionalisierung durch Automatisierung von Beratungsprozessen mithilfe von Algorithmen. Die Entwertung der persönlichen Beziehung ist eine Gefahr für die Professionalität der Psychotherapie. Die Ersetzung des Menschen durch qualitätsgesicherte Programme befördert das Missverstehen von Psychotherapie als bloße Reparatur des Common Sense.

12 Zur systematischen Differenz zwischen Methode und Techniken siehe Hardt (2013).

Aufgabe.[13] Ich gehe allerdings davon aus, dass Psychotherapie die Funktion hat, den Menschen zu seiner selbstbestimmten Mündigkeit[14] zu führen und aus den Verstrickungen eines fremdbestimmten Man herauszulösen. Ziel ist nicht, dass er es ablegt, sondern dass er es als einen notwendigen Bestandteil seines Selbst anerkennt und damit umgehen lernt, ohne sich von ihm völlig bestimmen zu lassen.

So ist das Man ein wichtiges Regulativ im alltäglichen Leben. Wir sagen dem Kind: »Das macht man nicht«. Und damit ist Wesentliches gesagt, denn wir sagen nicht: »Ich will nicht, dass du das machst«, sondern wir beziehen uns auf eine Instanz, das Man, das außerhalb der Beziehung, also überall und immerfort, Geltung beansprucht. Im Namen der Gemeinschaft sprechen wir hiermit eine Norm aus, die für jeden und alle gilt – insofern ist das Man gemeinschaftsbildend. Denn das Man ist jeder und keiner und hat apodiktische Funktion. Im Man verbirgt sich der ödipale Vater als unabhängige Instanz und Repräsentant der Gemeinschaft, wie er in der Psychoanalyse konzipiert ist.

Dieses Man ist immer traditionell und kulturell gebunden. Es gibt kein Man jenseits eines kulturellen Kontextes. Jetzt stellt sich die Frage, wenn die Psychotherapie ins Netz geht – in ein Medium also, das von mächtigen gesellschaftlichen und ökonomischen Kräften instand gehalten, bewegt und kontrolliert wird –, ob sie sich damit einem Man unterwirft, dem ihre Aufgabe zutiefst widerstrebt. Das Netz ist allgewaltig und transparent, es ist von wirtschaftlichen Interessen bestimmt, die der Logik des Marktes folgen. Kluge User wissen das und richten sich danach: Wie im Panoptikum (Foucault, 1994), in dem ein unsichtbarer Beobachter regiert, internalisieren sie die Normen, die von ihnen erwartet werden, sie unterwerfen sich freiwillig, um nicht ausgeschlossen zu werden, der Norm des Man. Eine Studentin sagt mir nach einem Vortrag über Subjekt und Zwischenmenschlichkeit in den neuen Medien: »Ich weiß, dass ›die‹ meine Daten einsehen, speichern und verwenden, dafür bekomme ich alle diese attraktiven Dienste kostenlos, das ist doch ein faires Geschäft«.

---

13 Das Konzept des Man ist im deutschen Verständnis durch Martin Heidegger (1963) geprägt. Es ist damit als uneigentliches Selbst-Sein desavouiert. Diese Lesart verdeckt aber, dass das Man auch schon bei Heidegger ein Existenzial als wesentliches Regulativ unseres Selbstverständnisses ist. Das Man ist, wenn man Maurice Merleau-Ponty (1966) folgt, die Gesellschaft mit den anderen in uns, ohne die wir nicht sein können. Das Man ist ein Man-Selbst, ein gemeinschaftlich vermitteltes Selbst, das wir in Beziehungen erwerben, aus Beziehungen übernehmen und das uns mit organisiert. Es bildet sich als Schicht in uns aus, die manchmal alles überdecken will. Deswegen steht das Man nicht im Gegensatz zur Eigentlichkeit des Menschen. Jeder Mensch ist Selbst und Man-Selbst zugleich.

14 Ganz in der Tradition der Aufklärung, deren deutsches Programm Kant (1788) formulierte.

Das Man regelt die geteilte Lebenswelt.[15] Wenn die Psychotherapie ins Netz geht, verlässt sie die Lebenswelt – wo die Menschen miteinander umgehen, wo im kommunikativen Handeln der Menschen Sinn geschaffen wird, in dem Leben miteinander gestaltet wird. Sie tritt in die Welt des Systems ein, das von Wirtschaft und Verwaltung dominiert wird und wo bloß funktionale Vernunft herrscht, die auf Effizienz und Effektivität aus ist, aber den Sinn außer Acht lässt. Damit ändert das Man seinen Charakter. Wenn die Psychotherapie ins Netz geht, tritt sie in einen Bereich ein, in dem Psychotherapie als Weg zu sich selbst keinen Raum hat.[16]

VI

Was ist das für eine Psychotherapie, die ohne Verlust ins Netz gehen kann und sich der impliziten Psychologie der neuen Medien unterwirft? Was ist das für eine »Internettherapie«, in der eine »gute und tragfähige therapeutische Beziehung aufgebaut werden kann« (Klasen et al., 2013, S. 829), die der in einer »F2F-Therapie« (Caspar et al., 2013, S. 137) gleichwertig oder gar überlegen ist?

Es sind überwiegend »kognitiv-verhaltenstherapeutische« Interventionen, die auf klinisch erprobten Therapiemanualen basieren, die sich als effektiv erwiesen haben (Klasen et al., 2013). Nach der Logik einer Psychotherapie, deren Maß nur Effektivität ist – anstelle von Wahrheit oder Emanzipation – ist damit alles entschieden: Psychotherapie kann, wenn diese Beweislage anerkannt wird, ohne leibhaftigen Therapeuten (Caspar et al., 2013) durchgeführt werden. Der Vorteil wäre, dass Psychotherapie schlanker, kundenfreundlicher und nicht zuletzt billiger werden würde, also etwas, was zu aller Vorteil geschehen sollte.

Wenn nur diese Kriterien zählen, spricht nichts gegen eine allgemeine Internetpsychotherapie. Allerdings unterwirft sich die Psychotherapie, wenn sie ganz ins Netz ginge, einem postmodernen (im Sinne von Lyotard, 1994) Zeitgeist, der durch die eigentümliche Allianz von Digitalisierung und Ökonomisierung geprägt ist. Der Zeitgeist stellt sich dar in dem, was man meint, was man für wahr hält und was man glaubt.

Bedient die kognitiv-verhaltenstherapeutische Internettherapie das Man, das den Zeitgeist beherrscht? Eine Durchsicht der publizierten Interventionen zeigt

---

15 Hierzu ausführlich Habermas (1981, Bd. 2, S. 171–293).
16 Näher ausgeführt in Hardt (2014b).

deutlich, dass die impliziten Psychologien dieser therapeutischen Strategien mit alltagspsychologischer Plausibilität imponieren.

Das beginnt schon bei A. T. Beck (Beck et al., 1981). Die Wirkungskraft der kognitiven Verhaltenstherapie besteht in der »Macht des realistischen Denkens« (ebd., S. 334) – ein Denken, das ganz dem folgt, was man für richtig und wertvoll hält oder zumindest halten sollte. Beispiele für diese therapeutische Strategie, an das Man zu appellieren, es zu bestärken und wieder aufzurichten, finden sich viele in diesem Standardlehrbuch, besonders im Kapitel über »Depressogene Grundannahmen« (ebd., S. 277ff.).

Zwei Beispiele aus Therapieberichten machen das deutlich (ebd., S. 302):

> »*Patient:* Jeder wäre deprimiert, wenn er von jemandem fallengelassen wird.
>
> *Therapeut:* Niemand kann fallengelassen werden, der nicht jemanden bittet, ihn aufrechtzuhalten. Von der Zustimmung eines anderen abhängig zu sein, bedeutet, sich selbst mittels eines Dritten zu akzeptieren. ›Wenn mich dieser Mensch liebt, bin ich großartig, und wenn nicht, bin ich wertlos.‹ Solange man sich selbst genügt und akzeptiert, wird man nicht deprimiert sein, wenn ein anderer nicht mit einem beisammen sein möchte.
>
> *P:* Aber sie hat mich abgelehnt.
>
> *T:* Niemand kann Sie total ablehnen. Die Betreffende kann nur wählen, ob Sie mit Ihnen zusammen sein oder nicht zusammen sein will.
>
> *P:* Wenn ich in Ordnung wäre, würde sie mit mir zusammen sein.
>
> *T:* Das ist eine Wertentscheidung. Der eine zieht Cadillacs, der andere Volkswagen vor. Es ist eine Geschmackssache. Manche mögen klassische Musik, andere nicht. Es hat nicht unbedingt etwas mit Ihrer Persönlichkeit zu tun«.

In einem anderen Zusammenhang sagt der Therapeut abschließend (ebd., S. 307): »Um glücklich zu sein, sollten Sie die Dinge tun, die Ihnen Spaß machen – gewöhnlich sind das die Dinge, in denen Sie gut sind«.

Dass diese therapeutische Strategie von allgemein geteilten und deswegen selbstverständlichen Werten getragen ist, zeigt sich an folgender Überlegung zum Umgang mit Fairness (ebd., S. 292):

> »Es gibt verschiedene Möglichkeiten, das Thema Fairness in der Therapie zu behandeln. Eine Methode ist, dem Betreffenden zuzustimmen, dass das Leben unfair sei. Viele Situationen in der Welt sind unfair, weil die guten Dinge im Leben keinesfalls gleich verteilt sind. Die Menschen kommen mit unterschiedlichen Fähigkeiten zur Welt. Gute und schlechte Umstände und Erfahrungen scheinen willkürlich

verteilt zu sein. Niemand kann einen besonderen Anspruch auf bevorzugte Behandlung erheben oder erwarten, auf magische Weise vor Unheil geschützt zu sein.«

Die Entwicklung der KVT ist aber nicht bei Beck stehengeblieben und die therapeutischen Strategien haben sich verfeinert: Der Charakter einer Therapie des Man ist aber erhalten geblieben. Zu sehen ist das am KVT-Standardwerk von Hautzinger (2013), ein erfolgreiches Lehrbuch, das innerhalb von 14 Jahren sieben Auflagen erreicht, also offensichtlich großen Anklang gefunden hat.

Auch hier steht die Überprüfung des »Realitätsgehaltes« des depressiven Denkens und Fühlens im Zentrum (ebd., S. 160). In der Tradition von Beck sind diese Gedanken: unvernünftig, falsch, irrig, dysfunktional, rigide, übertrieben, negativ, absurd und fehl- oder unangepasst und stehen damit dem, was man für vernünftig und normal hält, gegenüber. Die therapeutische Strategie ist eine Überzeugungsarbeit, das Unrealistische dieser Gedanken einzusehen, dem Patienten zur Einsicht in seine Verirrungen zu verhelfen, sodass er die falsche Sichtweise aufgeben kann und wird.

> »Das persönliche Sinn- und Wertesystem Depressiver kann insofern als unangemessen bezeichnet werden, als auf diesem Hintergrund tägliche Erfahrungen in rigider, übertriebener Form interpretiert werden. Typische Merkmale sind gewisse Denkfehler wie Übertreiben, Übergeneralisieren oder Verabsolutieren. Solche unausgesprochenen Regeln bilden einen Teil der Identität der Patienten und werden von ihnen nicht in Zweifel gezogen. Automatische Gedanken entstammen meist einer solchen impliziten Annahme, sind mit einer solchen verknüpft oder gar identisch« (ebd., S. 170).

Maßstab eines realistischen Standpunktes ist das Man: was man allgemein für richtig und angemessen hält oder zumindest halten sollte.

In den Beispielen für »metakognitive Interventionsmethoden« (ebd., S. 180ff.) wird das besonders deutlich:

> »Luis der Tellerwäscher
> ›Siehst du‹, sagte er zu seiner kleinen Nichte, ›es ist so: Manchmal hat man einen riesigen Berg schmutzigen Geschirrs vor sich stehen. Man denkt, das ist so viel, das kann man niemals schaffen. Dann fängt man an, sich zu hetzen. Und man beeilt sich immer mehr. Jedes Mal, wenn man aufblickt, sieht man, dass der Geschirrberg, der noch vor einem steht, nicht weniger wird. Und man strengt sich noch mehr an, man wird ganz hektisch, und zum Schluss ist man fix und fertig und kann nicht

mehr. Und es kommt immer noch mehr schmutziges Geschirr, das vor einem steht. So darf man es nicht machen‹.

Er dachte nach. Dann fuhr er fort: ›Man darf nie an den Berg Geschirr auf einmal denken. Man muss nur an den nächsten Schritt denken, an den nächsten Atemzug, an die nächsten Teller, den nächsten Topf. Und immer wieder an den nächsten. – Dann macht es sogar Spaß, das ist wichtig, dann macht man seine Sache gut. Und so soll es sein‹.

Und weiter führt Kabat-Zinn (1990, S. 185) aus:

»Autopiloten ausschalten
Manchmal sitzen wir im Auto und fahren viele Kilometer ›im Autopilot‹, ohne uns wirklich dessen bewusst zu sein, was wir tun. Auf ähnliche Weise sind wir vielleicht in einem Großteil unseres Lebens von einem Augenblick zum anderen nicht wirklich ›gegenwärtig‹. Oft können wir ›weit weg sein‹, ohne dass wir es überhaupt bemerken. Im Autopiloten ist es wahrscheinlicher, dass ›unser Alarmknopf gedrückt wird‹: Durch Ereignisse in unserer Umwelt sowie Gedanken, Gefühle und Empfindungen in unserem Verstand (derer wir uns häufig kaum bewusst sind) können alte Denkgewohnheiten ausgelöst werden, die häufig nicht hilfreich sind und zu einer Verschlechterung unserer Stimmung führen können. Wenn wir uns unsere Gedanken, Gefühle und körperlichen Empfindungen von einem Augenblick zum anderen stärker bewusst machen, dann bekommen wir dadurch mehr Freiheit und Wahlmöglichkeiten; wir müssen uns nicht immer in denselben alten geistigen Spuren bewegen, durch die Probleme verursacht werden.«

Insgesamt ist die therapeutische Strategie, die Hautzinger ausarbeitet und empfiehlt, getragen vom ständigen Bezug zu einem mehr oder weniger unreflektierten Man der Normalität: wie man zu sein hat, wie man sein sollte oder auch was man ist, was gut, richtig und gesund zu sein bedeutet.

Neuere Literatur bestätigt die Dominanz einer Psychotherapie des Man bei internettherapeutischen Interventionen. (Es ist allerdings oft schwer, nachzuvollziehen, was wirklich in einem Austausch zwischen Therapeut und Patient geschieht. Die Frage, wer warum was an wen geschrieben hat und besonders, welchen Sinn das haben sollte und ob es genauso und nicht anders geschrieben werden musste, ist oft nicht nachvollziehbar, denn: Nur die Effekte einer Intervention sind für die Autoren berichtenswert.)

Selbst in der hochstrukturierten »Schreibtherapie«, die von Knaevelsrud und Böttche (2013) vertreten wird, sind deutlich unreflektierte Züge einer Psychotherapie des Man zu erkennen. So spielt das »Offenlegen« des Traumas eine Rolle, weil die Selbsteröffnung einen »kathartischen Effekt« habe (ebd., S. 393). Das entspricht dem alltäglichen Rat, dass es einem besser geht, wenn man erst einmal darüber gesprochen hat. Dass das therapeutische Konzept der »Katharsis« auf den nicht zu Ende gebrachten, eingeklemmten Affekt bezogen ist, der als unbewusster, verdrängter Affekt ein Symptom verursacht und der mithilfe der Therapie »abgeführt wird« und so erledigt werden soll, überschreitet die Alltagspsychologie des Man und wird folglich in den Ausführungen von Knaevelsrud und Böttche nicht diskutiert. Hier wäre es angemessen, auf die psychotherapeutischen Vorstellungen der Katharsis des Aristoteles oder wenigstens auf die von Breuer und Freud (Breuer & Freud, 1895) fachlich Bezug zu nehmen.

Auch die Annahme, dass wir alle Geschichten erzählen müssen, um zu bewältigen, was uns widerfahren ist, entspricht einer gebildeten Alltagspsychologie, die man in der Weltliteratur überall findet. Aber auch im Alltag hat sich das längst herumgesprochen und eingebürgert. So kann eine einfühlsame Mutter ihr Kind auffordern, wenn es außer sich nach Hause kommt: »Erzähl doch mal, was passiert ist«. Die von den Autorinnen angeführte »Emotionsregulation« (ebd., S. 394) folgt dem gleichen Schema:

> »Kerndimensionen der Emotionsregulation sind (a) ein Bewusstsein und Verstehen der eigenen Emotionen, (b) die Akzeptanz negativer Emotionen, (c) die Fähigkeit, sich erfolgreich mit zielgerichtetem Verhalten zu befassen sowie impulsives Verhalten zu kontrollieren, wenn negative Emotionen erlebt werden, sowie (d) die Fähigkeit, situativ angemessene Strategien zur Emotionsregulation zu nutzen«.

Was das psychologisch in Einzelschritten bedeutet und wie eine solche innere Regulation zustande kommt, verraten die Autorinnen nicht.

Schließlich wird die Alltagsweisheit, dass geteiltes Leid halbes Leid ist, als soziale Integration, »social sharing« und »shared disclosure«, anerkannt, weil es »eine kognitive Neubewertung« ermögliche (ebd., S. 395). Das folgt der alltagspsychologischen Empfehlung, dass man, wenn man etwas einem anderen mitgeteilt hat, Erleichterung empfindet, aber es dann noch einmal überdenken und darüber nachdenken sollte, am besten überschlafen. Aussprechen und der Abstand helfen, alles anders und sogar neu zu sehen, was man erlebt hat – eine weitere alltagspsychologische Weisheit.

Noch deutlicher ausgeprägt ist eine Psychotherapie des Man im erfolgreichen internetbasierten Behandlungsprogramm »Deprexis«. Meyer und Kollegen (2014) haben jüngst die Arbeitsweise des Programms dargestellt, das nach

Meinung der Autoren »durch ein hohes Maß an Individualisierung gekennzeichnet ist; Form und Stil der Inhalte werden kontinuierlich an Patientenbedürfnisse angepasst, indem das Programm dynamisch auf die Antworten des Patienten reagiert« (ebd., S. 5). Ein »kurzer Beispieldialog« (ebd., S. 6) soll das verdeutlichen:

> »*deprexis:* ›Wenn man ein Problem in kleine Teile – oder Bissen – aufteilt, kann man es viel leichter lösen. Das Problem erscheint dann nicht mehr so groß und schwierig.‹
>
> *Patient:* ›Ich weiß oft gar nicht, wo ich anfangen soll […].‹
>
> *deprexis:* ›Dann sind Sie hier richtig – genau dazu habe ich sehr gute Tipps für Sie. Den ersten Schritt habe ich vorhin schon kurz erwähnt: Schritt 1: Schreiben Sie das Problem auf.‹
>
> *Patient:* ›Ja, stimmt, Sie sagten das schon. Warum eigentlich?‹
>
> *deprexis:* ›Wenn Sie ein Problem aufschreiben, hat das mehrere Vorteile. Zuallererst: Das Problem ist dann nicht mehr nur in Ihrem Kopf. Allein das kann schon sehr befreiend wirken.‹
>
> *Patient:* ›Was soll daran befreiend sein, wenn ich meinen Ärger auch noch schwarz auf weiß habe?‹«

In sogenannten Screenshots werden die dialogisierten Inhaltsvermittlungen illustriert. »Patienten haben die Möglichkeit, durch die Auswahl unterschiedlicher Antworten, beispielsweise Zustimmung, Skepsis oder auch Wünsche nach Vertiefung unterschiedlicher Themen auszudrücken. Das Programm kann einzelne Antworten oder auch Antwortkombination speichern und so kontinuierlich das weitere Vorgehen anpassen« (ebd., S. 6).

Beispiel eines Screenshots:

> »Nach dem ersten Schritt haben Sie das Problem also erkannt und genau beschrieben. Aber wenn man immer nur über das Problem nachdenkt, dann kann das auf die Dauer deprimierend sein. *Stattdessen hilft es jetzt, den Fokus auf Ziele zu verlagern!* Setzen Sie sich kleine und ganz konkrete Ziele, die Sie wirklich erreichen können! Solche Ziele zeigen den Weg an und wirken motivierend!« (ebd.)

Nehmen wir noch einmal das Beispiel mit der Prüfungsangst.

»Welches realistische Ziel kann ich anpeilen?«, fragt sich eine kindlich wirkende junge Frau, um deren Kopf alle möglichen Dinge kreisen, Uhr, Tasse, ein Herz, ein Haus, ein Baum, ein Auto und andere, nicht klar zu identifizierende

Gegenstände, und die mit einem seltsam verklärten Lächeln auf einen Wegweiser blickt, auf dem steht: »Ziel 3 km«.

Diese Patientin, Klientin, Userin des Programmes könnte in diesem Fall antworten: »Ein realistisches Ziel wäre, überhaupt mit dem Üben für die Prüfung anzufangen!«, also ganz im Sinne des Programmes einen Fortschritt erreichen.

In reiner Form stellen sich die alltagspsychotherapeutischen Strategien, die sich an das Man richten und von jedermann, das heißt von jedem und keinem ausgesprochen und verstanden werden können, in den »Gedanken für den Tag« dar, die den Usern des Programms täglich zugemailt werden. Beispiele dafür sind:

»Gibt es etwas, womit Sie sich heute belohnen möchten? Ein leckeres Essen, ein gutes Buch, eine Massage? Sie sind es wert!«

»Es regnet? Nehmen wir es an! Bejahen wir es! Lassen wir die Tropfen fallen, alles wegwaschen. Die Sonne kommt alleine wieder!«

»Sich in Achtsamkeit üben: Neugier und Offenheit zulassen! Die Umwelt wahrnehmen, wie sie ist, ohne zu bewerten und zu urteilen. [...]«

»Haben Sie heute schon etwas Gutes für sich getan? Warum nicht HIER und JETZT damit anfangen? Etwas ganz Kleines reicht schon. [...]«

»Egal wie viel Stress und Anspannung, tief durchatmen geht immer! Abstand gewinnen, sich langsam lösen, die Muskeln lockern [...]«

»Die wohltuende Wirkung von Fahrradfahren, Jogging, Wandern und Nordic Walking sollte man nicht unterschätzen!«

»Man muss nicht immer ›Everybody's Darling‹ sein oder es allen recht machen. Es ist gesund, auch mal anderer Meinung zu sein!«

»Selbst ›kleine, unscheinbare‹ Fortschritte sind Erfolge: Ein Spaziergang, ›Smalltalk‹ mit dem Nachbarn [...]«

Diese therapeutischen Interventionen sind alltäglich plausibel. Denn es tut gut, wenn man daran erinnert wird, was man alles nicht tut und eigentlich tun sollte und wollte, um sich besser zu fühlen. Und das ist wertvoll in einer Zeit, in der das

Wissen vom Leben und dem Umgang mit seelischen Konflikten Mangelware zu sein scheint.

VII

Welche Psychologie liegt einer Psychotherapie zugrunde, die ohne Verluste ins Netz gehen kann?

Eine tiefenpsychologische oder gar psychoanalytische Therapie kann auf die unmittelbare Begegnung zweier Partner in einem Prozess nicht verzichten. Sie ist, im kognitiv-verhaltenstherapeutischen Internettherapie-Jargon formuliert, nur als Face-to-Face-Therapie praktizierbar. Die neuen Medien können in einer tiefenpsychologisch konzipierten Therapie nur ersatzweise Kontakte bieten, zum Beispiel bei Abwesenheiten aus verschiedensten Gründen als Ausnahmen, die therapeutisch zu verantworten sind.

Das zeigt schon eine kleine Skizze der Psychologie, die diesen psychotherapeutischen Strategien zugrunde liegt. Der therapeutische Kontakt erfordert eine leibhaftige (zwischenleibliche) Anwesenheit. Auffassung und Intervention können nur in einer zwischenmenschlichen Begegnung, die zwar asymmetrisch, aber genau geregelt ist, verantwortet werden. Der Therapeut muss »spüren« können, was es mit den Patienten auf sich hat. Und das ist nur möglich, wenn alle Sinne aufmerksam sind. So sind es oft minimale gestische oder mimische, vom Patienten selbst unbemerkte, Zeichen – ein Abwenden des Kopfes, ein Blick nach unten, ein Stocken des Atems, ein Zurück- oder Vorlehnen –, die dem aufmerksamen Teilnehmer an der Situation erkennbar machen, was im Anderen vorgeht, ob sie/er zustimmt oder ablehnt, was Inhalt einer Intervention war. Damit löst sich die therapeutische Auffassung von dem, was in üblicher Information mitteilbar ist und was im Alltag Beachtung findet. Normalerweise gehört es sich nicht, darf man nicht all das wahrnehmen und zur Sprache bringen, was nebenbei geschieht, sondern es gilt als gutes Benehmen, nur auf das zu achten, was jemand bewusst mitteilen will. Durch das Aufmerken auf das, was am Rande geschieht, kommt eine dichte, professionelle Beziehung zustande, die das alltägliche Verstehen und Miteinander-Umgehen übersteigt. In der dichten und zugleich diskreten (abstinenten) Beziehung werden die Anteile erfahrbar, die psychoanalytisch Unbewusstes genannt werden. Eine Beziehung entsteht, die nicht nur eine bewusste erwachsene Dimension hat (Arbeitsbeziehung), sondern auch von den unbewussten Bedürfnissen, Wünschen und Befürchtungen der Patienten profiliert wird (Übertragungsbeziehung).

Die therapeutischen Interventionen geschehen in diesem dynamischen Beziehungsfeld. Sie schließen zwar an das Selbstverständnis der Patienten an (nach der Regel, von der Oberfläche her zu intervenieren), sind aber immer darauf angelegt, das Selbstverstehen beider Partner zu erweitern, das heißt, sie dekonstruieren das vorherrschende Man.

Um verschiedene Psychologien miteinander zu vergleichen, hat Wilhelm Salber (1968) das Konzept der »Gegenstandsbildung« eingeführt. Er ging von der Frage aus, »wie die verschiedenen psychologischen Theorien untereinander geordnet werden können«, und er betonte, was bei der Entstehung seiner Schrift zutraf, heute aber immer noch zu beobachten ist, »eine derartige Übersicht wäre durchaus angebracht; denn seit die Psychologie sich als Wissenschaft verselbständigte, häuften sich Beobachtungen, Experimente, Theorien fast unübersehbar an« (ebd., S. 1).

Salbers Rekonstruktion psychologischer Strategien (Methode und Theorie als Kontext gedacht, vgl. Hardt, 2013) ermöglicht es, das Verhältnis einer wissenschaftlichen Psychologie zur fundierenden Alltagspsychologie zu erkennen und zu bewerten und hilft, der Frage nachzugehen, wie sich die KVT im Vergleich zu den psychodynamischen Strategien verhält. Wie ist das Verhältnis dieser beiden psychologischen Strategien zur Alltagspsychotherapie?

Salber schlägt vor, die einzelnen Theorien als Gegenstandsbildungen zu verstehen, die den Sinn haben, die ganze Vielfalt seelischer Erscheinungen (die seelische Natur) in wissenschaftlicher Absicht zu rekonstruieren, sodass der Bereich von Verhalten und Erleben verstehbar und berechenbar wird. Das heißt, durch psychologische Theorien sowie Verständnis- und Handlungszusammenhänge (Methode und Techniken) sollen planmäßiges (nachvollziehbares) Erfassen von und Einwirken auf seelische Phänomene ermöglicht werden.

Das gesamte Modell der Gegenstandsbildung auszuführen, ist hier unmöglich. Ein Moment, das in jeder wissenschaftlich-psychologischen Systembildung Berücksichtigung finden muss, ist eine sogenannte Ausgangsbasis jeglicher psychologischer Theoriebildung im vorwissenschaftlichen Verstehen. Die Alltagspsychologie, das, was man nachvollziehen kann, weil es als sinnvoll und natürlich oder auch normal und gesund gilt, bietet eine Grundlage, von der jede Theoriebildung ausgehen muss. Salber nannte die Ausgangsbasis die »Erlebnisebene«, die eine Anbindung der wissenschaftlichen Psychologie an das alltägliche Verstehen garantiert.

Salber beschreibt das folgendermaßen:

> »Aber wenn die Psychologie eine Aussage macht, kann sie durch die von dieser Aussage aufgeführte ›Besinnung‹ auf alltägliche Erlebnisse kontrolliert werden:

wenn eine Psychologie behauptete, bei der Trauer werde stets gelacht und bei Freude stets geweint, meldet sich das alltägliche Erleben genauso wie bei einer treffenderen Behauptung. Die ›Erlebnisebene‹ stellt in der Psychologie den Inbegriff der seelischen Phänomene dar – und ihrer ›Zusammenhänge‹ –, die als unleugbare und vorgegebene Wirklichkeit der Tatsachen ständig erfahren werden können« (Salber, 1968, S. 20).

Das ist der Bereich einer Psychologie des Alltags und des Man. Hier werden nicht nur Phänomene benannt, sondern es werden Zusammenhänge beschrieben, es werden Wirkungsmöglichkeiten gedacht und es werden Auswirkungen von Handlungen zu Ergebnissen geordnet und begründet.

Der Umgang mit dieser alltäglichen Erfahrung, der immer auch Verständniszusammenhänge und Einwirkungsmöglichkeiten einschließt, ist in den sich entwickelnden Theoriebildungen sehr verschieden.

In der Psychoanalyse wird die alltägliche Erfahrung aufgegriffen und dort überschritten, wo das alltägliche Verstehen (die Alltagspsychologie) scheitert. Deswegen setzt die Theoriebildung an Unverständlichem und scheinbar Sinnlosem an: an alltäglichen Fehlleistungen oder Träumen, die als sinnlos imponieren und gelten, am deutlichsten aber an psychopathologischen Phänomenen, deren Sinn dem Alltagsverstand verschlossen ist. Dabei übersteigt und löst sich die Theoriebildung von der alltäglichen Plausibilität, was in den Behauptungen gipfelt, das eigentliche Seelische sei unbewusst, oder das Ich sei sich im Grunde fremd und unzugänglich.

Theorie und Praxis lösen sich aber nie ganz von der Erlebnisebene des alltäglichen Verstehens, was unschwer daran zu erkennen ist, dass für das hochkomplexe Strukturkonzept »Ich« eine alltägliche Bezeichnung erhalten blieb. Auch das »Es« als Strukturmoment schließt direkt an die Erlebnisebene der Alltagserfahrung an, was in Redewendungen wie »Es ist mir geschehen, ich habe es nicht extra gemacht« oder »Es hat mich dazu getrieben« zum Ausdruck kommt.

Die Psychoanalyse als Therapie löst sich einerseits vom Verstehen der »gewohnten denkenden Menge« – der Psychologie des Man –, »widerspricht ihm sogar gründlich« (Freud, 1939, S. 142), bleibt aber dennoch dem Alltagsverstehen verhaftet, denn jede Intervention muss von der Oberfläche, also vom Alltagsverstehen ausgehen, den Kontakt zu ihm nicht aus dem Auge verlieren, weil sie es wieder erreichen und damit verändern will. So ist jede psychoanalytische Behandlung eine Umbildung und Bildung des Alltagsverstehens des Man.

Die KVT hat ein völlig anderes Verhältnis zur Alltagspsychologie. Weil sie auf eine theoretische Rekonstruktion der Natur des Psychischen im Austausch mit der Alltagspsychologie verzichtet und damit auch keine methodische Auffassung und Umformung der Erlebnisebene betreibt, lässt sie die Alltagspsychologie mit ihren Plausibilitäten unverändert bestehen.[17] So betreibt die KVT keine »psychologische Bildung«, die bedeuten würde, dass das alltägliche Wissen und Können in psychologischen Dingen aufgegriffen, in seinen Selbstverständlichkeiten hinterfragt und systematisch rekonstruiert werden müssen. Die KVT muss das als wissenschaftliche Gegenstandsbildung nicht leisten, weil sie sich einem gängigen Wissenschaftsideal verpflichtet hat, das sich von der Frage »Ist das wahr?« (Lyotard, 1994, S 150) gelöst hat und als einziges Kriterium der Bewährung ihrer Behauptungen und Aussagen die Effizienz anerkennt. Eine Theorie muss nützlich sein und Anerkennung finden, denn an die Stelle der Frage »Ist das wahr?« tritt die Frage »Wozu dient es?« Diese Frage bedeutet meistens: »Ist es verkaufbar?« – und im Kontext der Machtsteigerung: »Ist es effizient?« (ebd.)

Eine Theorie muss nützlich sein; sie muss keinen Wahrheitsanspruch mehr stellen, sondern stattdessen Anerkennung in der Breite finden, denn:

> »Die Beziehung zum Wissen ist nicht die der Realisierung des Lebens, des Geistes oder der Emanzipation der Menschheit; es ist die der Benutzer eines komplexen begrifflichen und materiellen Instrumentariums und der Nutznießer seiner Leistungen. Sie verfügen weder über eine Metasprache, noch über eine Metaerzählung, um dessen Endzweck und richtigen Gebrauch zu formulieren« (ebd., S. 153).

Die Welt der neuen Medien, in die die KVT als Internettherapie eintritt, ist durchzogen vom Alltagsverstand. Sie muss es sein, weil sie zugleich ein globa-

---

17 Ähnlich wie in der Neuropsychologie stehen in den verhaltenstheoretischen Gegenstandsbildungen »wissenschaftliche« und alltägliche Konzeptionen von Seelischem nebeneinander, ohne einander zu durchdringen. Dispositionen, Entwicklungsfaktoren sowie Situationsfaktoren werden zwar als Erklärungen angesehen, aber die alltagspsychologischen Erklärungen (Erlebensebene) von seelischen Zusammenhängen werden nicht in der gleichen Weise aufgegriffen, wie das bei Konzeptionen wie Trieb, Wunscherfüllung und Unbewusstes der Fall ist. In Freuds spätem Entwurf einer konsequenten Psychologie des Unbewussten (Freud, 1939) ist das im Kontext der Einführung des »Unbewussten« als Erklärungsansatz deutlich formuliert: Wenn die »eigentlichen« Gründe seelischer Wirklichkeit epiphänomenalistisch in organischen Vorgängen gesehen werden, könnte man sagen: »Die sogenannten unbewussten psychischen Vorgänge seien eben die längst zugestandenen, organischen Parallelvorgänge des Seelischen« (ebd., S. 146). Damit wird aber die Einheitlichkeit einer psychologischen Gegenstandsbildung aufgebrochen; die Theoriebildung wird unentschieden und beliebig gegenüber anderen Verstehenszusammenhängen, besonders der alltagspsychologischen Plausibilität. (Den Hinweis auf die Konzeptionen der VT verdanke ich M. Ochs.)

ler und expandierender Markt ist, der nicht nur möglichst vielen – am besten allen – gefallen will, sondern auch, weil sie ungeheure Mittel einsetzt, um auf das, was man braucht, was man anstrebt, was man zu sein hat und schließlich, was man ist, Einfluss zu nehmen. So hat das Netz für jeden und alles etwas zu bieten; warum nicht auch eine Seelenbehandlung, die sich in ihre Logik einfügt – die Logik einer postmodernen neuen Welt wie von Lyotard anschaulich beschrieben. Diese folgt einem von Digitalisierung und Ökonomisierung vorgezeichnetem Sinn: der bloßen Effektivität. Wahrheit und Emanzipation spielen in dieser Welt keine Rolle. So erweist sich die KVT, besonders ihre Angebote im Netz, als eine Psychologie, die dem postmodernen Man verpflichtet bleibt. Weil sie die Transformationsarbeit einer Gegenstandsbildung unterlässt, ihre Bewährung in bloßer Effizienz sucht und auf systematische Rekonstruktion des alltagspsychologischen Wissens und Könnens verzichtet, bleibt sie dem Man, das zugleich keiner und jeder ist, verhaftet. Dem Man kann sie als Beratung zur Hand gehen.

VIII

Psychotherapie hat ihre Zeit. Sie ist eng mit der Zeit verbunden, denn sie ist das Produkt der Kultur, in der sie nötig wird. Insofern ist Psychotherapie eine Kulturtechnik. Sie beschäftigt sich mit psychischen Erkrankungen in bestimmten kulturellen Kontexten und sie wirkt entweder dem Kulturprozess entgegen oder versucht ihn zu befördern. Selten bemüht sie sich, zum Kulturprozess Distanz zu gewinnen und auf ihn einzuwirken.[18]

Dass Psychotherapie eine Kulturtechnik ist, zeigt sich auch darin, dass das Verständnis der psychotherapeutischen Aufgabe je nach kultureller Situation verschieden ist. So sah Freud am Ende des 19. Jahrhunderts die kulturelle Sexualmoral als für die neurotischen Bildungen ausschlaggebend an und entwickelte eine Therapie, die durch die Behandlung der Verformungen sexueller Bedürfnisse unter dem Druck der Zeit bestimmt war.

Im Zentrum der Psychopathologien stehen heute andere Kulturprobleme: Durch die Virtualisierung der Welt ist die pathologisch und pathogenetisch bedeutsame Grenze zwischen Realität und Fantasie aufgehoben worden. Die neuen Selbstdarstellungsformen haben den Kern des Subjekts verflüssigt: Das ist eine

---

18 Das ist das Besondere an Sigmund Freuds Entwicklung: von der Individualtherapeutik zur Kulturkritik (Hardt, 2009).

Kernschmelze des virtualisierten Selbst, das dem manipulierbaren Man Raum gibt.

Wenn Psychotherapie eine Kulturtechnik ist, dann muss sie sich auch mit dem Kulturprozess befassen, in dem sie ihre Aufgabe zu erfüllen hat (vgl. Hardt, 2011).

Kultur kennzeichnet das Verhältnis der Menschen zur umgebenden Natur und zugleich das Verhältnis der Menschen zueinander. Weil Kultur zwischen den Menschen geschieht, ist sie auf Mitteilung angewiesen und diese geschieht auf unterschiedliche Weise. Deswegen ist der Kulturprozess wesentlich durch die Medien mitbestimmt, mit denen sich die Menschen untereinander verständigen und ihr gemeinsames Leben miteinander abstimmen.

Auf einen Abriss der Geschichte der Medien muss ich leider verzichten.[19] Nur so viel: Medienwechsel haben immer zu großen kulturellen Irritationen geführt, Heilserwartungen und Katastrophenbefürchtungen schaukelten sich gegenseitig hoch, wie auch heute zu beobachten ist.[20] Die Erfindung der Schrift werde das Gedächtnis zerstören, befürchtete Sokrates[21] – und tatsächlich hat sie das Erinnern verändert. Sokrates verwies darauf, dass der geschriebene Text das Erinnern[22] übernehme. Die elektronischen Medien setzen diese Entwicklung fort. Noch vor einer Generation kannte fast jeder eine Reihe von Telefonnummern auswendig, zumindest die von Menschen, die wichtig waren oder einem nahestanden; die Telefonnummern waren als Verbindungen ein innerer Bestand. Heute kennt kaum noch jemand eine Nummer »auswendig« und viele müssen ihre eigene nachsehen, wenn sie gefragt werden. Am Beispiel der Telefonnummern kann man die bis heute wirksame Funktionsweise von Mnemotechniken in den oralen Kulturen beobachten, wie sie Ong (1982, S. 57ff. und S. 136–152) beschrieben hat. Zahlenreihen wurden rhythmisiert, gruppiert oder symbolisiert.

Die Erfindung des Buchdruckes werde die Einheit des christlichen Abendlandes aufs Spiel setzen und seine kulturelle Dominanz zerstören, befürchtete die Kirche und wollte die aufkommende Bücherverbreitung verhindern. Tatsäch-

---

19 Hierzu liegt mittlerweile eine Fülle von Literatur vor.
20 Baym hat 2010 darauf hingewiesen, dass kulturelle Veränderungen oft auf Medienwechsel folgen, dass aber meist ein Zusammenwirken von Kulturprozess und Medienwechsel zu beobachten ist. Das relativiert die Wirkung neuer Medien und verweist darauf, dass oft nicht vorhersehbar ist, welchen Gebrauch die folgenden Generationen von den neuen Medien machen werden.
21 im *Phaidros*, Platon (o. J.)
22 »Erinnern« weist im Deutschen darauf hin, dass der Text »verinnerlicht«, das heißt »zu eigen« gemacht wird, die Schrift bleibt »außen«.

lich sind Reformation und beginnende Moderne ohne das neue Medium des Buches nicht denkbar. Die bis zum Buchdruck vorherrschende Schrift wurde als kostbares Manuskript von meist kirchlichen Schrift- und Lesekundigen in Einzelstücken hergestellt. Es wurde kopiert und damit kontrolliert, was überliefert wurde. Aber auch das Lesen war immer ein Vorlesen und damit unter kirchlicher Regie.

Der Massendruck, mit neuen technischen und wirtschaftlichen Bedingungen, werde die Bildungswelt radikal verändern, befürchtete Mill (2006 [1977]) in der Mitte des 19. Jahrhunderts. Tatsächlich hat sie sich gewandelt. Druckware ist unübersichtlich geworden und selbst einen Überblick zu bekommen, ist ohne technische Hilfsmittel oft unmöglich. In der Flut von Gedrucktem fällt es schwer, für die einzelnen Ausarbeitungen von Gedanken die nötige Zeit aufzubringen. Das führt zwangsläufig zu flüchtigem Überfliegen von Texten. Von Mill (ebd., S. 134) stammt die Bemerkung, dass in Zeiten der Massenproduktion von Druckwaren niemand mehr ein Buch mehrfach liest und damit dem, der das Buch geschrieben hat, den notwendigen Respekt erweist. Ein Buch schreibt sich nicht einfach hin, sondern es bedarf langer Überlegung und vielfacher Überarbeitung und ist von daher wert, mehrfach gelesen zu werden, will man sich nicht anmaßen, im Überfliegen die Gedanken des Autors schon erfasst zu haben.

In Kontext der Frage, was geschieht, wenn die Psychotherapie statt in einer geteilten Situation in einer medial vermittelten Kommunikation stattfindet, ist der Übergang von der Sprache zur Schrift entscheidend. Walter Ong (1982)[23] hat gezeigt, wie der Schritt von der Oralität – von der sprachlichen – zur Literarität – der schriftlichen Mitteilung – wesentliche kulturelle Änderungen bewirkte. Die Nähe und die direkte Gebundenheit an die geteilte Situation der sprachlichen Kommunikation wird durch ein unlebendiges Produkt abgelöst, das außerhalb der gegenwärtigen Beziehung besteht und die momentane Beziehung überdauert. Die Schrift hat Auswirkungen auf das Denken und das Selbstverständnis der Menschen.

In der Oralität ist die Verständigung nur im direkten Beisammensein möglich. Menschen müssen in Hörweite sein, um miteinander sprechen und aufeinander hören zu können. Dabei ist Sprache immer in eine Gesamtsituation, die das Sich-Ansehen mit einschließt, eingebunden und erhält erst in ihr ihren Sinn. Die Erinnerung ist die einzige Möglichkeit, dass etwas die Situation überdauert und nur Anwesende können hören, was gesagt wird. Den anderen muss es zugetra-

---

23 Die Arbeit *Orality and Literacy* von Walter Ong (1982) verdient eine genauere psychologische Würdigung, die hier nicht geleistet werden kann.

gen, weitererzählt werden. Die Verständigung geschieht in flüchtiger Rede und Gegenrede, die manchmal als Dialog gelingt, aber auch aneinander vorbeigehen kann. Demgegenüber ist das geschriebene Wort unabhängig von der Situation, in der es geschrieben ist, den Augenblick überdauernd, ist aber unlebendig, gar tot, wie Sokrates behauptete, denn es kann sich nicht gegen das Missverstanden-Werden behaupten und ist jeglicher Auslegung offen, also grundsätzlich uneindeutig.

Wenn man sich die Entwicklung der Sprache genauer ansieht, zeigt sich, dass schon die Entwicklung der Sprachlichkeit einen medialen Wechsel in sich birgt. Es handelt sich um den Übergang von der Privatsprache, die im körperlichen Umgang mit dem Kind gelebt wird – oft zwischen Mutter und Kind –, zum Erwerb einer Sprache, die von einem Dritten verstanden werden kann. Wir nennen das normalerweise die triangulierte Sprache, also eine Sprache, die sich später in die Hochsprache umsetzt und zu einer wird, die in einer Sprachgemeinschaft allgemeine Geltung hat, jenseits der geteilten Situation. Wir alle wissen, was dieser Entwicklungsschritt bedeutet, kennen die Gewinne und Verluste die damit verbunden sind.[24]

Die geteilte Situation bietet eine vollsinnliche und zwischenleibliche Beziehung, was viel besser das beschreibt, was in der psychologischen Literatur zur Kommunikation im Internet als Mangel durch die Kanalreduktion bezeichnet wird. Dort geschieht Sprache in statu nascendi, das nicht Mitteilbare und nicht Denkbare kann Sprache gewinnen. In der Verantwortung angesichts des Anderen (Levinas, 1983, S. 185–294) kann jemand beginnen, von sich zu sprechen, das, was man sich nicht zu sagen traut. In der Zwischenleiblichkeit (Fuchs, 2008) fühlt sich das Gesprochene an, das Wort wird zu einem Inhalt, das ein Containment braucht. Dort kann das Subjekt von sich sprechen lernen, über das, woran die alltägliche Sprache des Man versagt.

IX

Eine Psychotherapie des Selbst braucht zum Schutze beider Partner im psychotherapeutischen Prozess eine absolute Diskretion, worauf schon Sigmund Freud hingewiesen hat (Freud, 1913, S. 454–478). Bei Freud sind Versprechen und Pflicht zur absoluten Geheimhaltung dessen, was der Patient dem Therapeuten anvertraut, das notwendige Gegenstück zur völligen Offenheit (der Grundre-

---

24 Die Hochsprache hat eine enge Verbindung zur Schrift. In Österreich sagt man nicht, dass jemand Hochdeutsch spreche, sondern, dass er nach der Schrift spreche.

gel), zu der die Patienten aufgefordert und verpflichtet werden. Nur damit ist es möglich, den Patienten ohne Rücksicht auf das, was sich gehört, was sinnvoll und zur eigenen Sicht gehörig ist, eine neue Erfahrung von sich zu eröffnen, das heißt: den Bereich des Man zu überschreiten. Dann erst geschieht, wenn auch PsychotherapeutInnen das zulassen können, eine Begegnung, in der die Basis des Selbstverstehens zu einer gemeinsamen Erfahrung wird.

Durch die Aufforderung, ohne Zensur alles zu sagen, was einem in den Sinn kommt, wird die Selbsterfahrung des Alltags überschritten. Dabei wird aber – und deswegen bedarf diese Begegnung des besonderen Schutzes absoluter Vertraulichkeit[25] – der permanente innere Dialog, mit dem wir unser Verhalten und Erleben begleiten, für einen anderen hörbar, das heißt, die höchst private Situation der inneren Auseinandersetzung wird zu einem sozialen Ereignis und damit der therapeutischen Beeinflussung zugänglich.

Freud ging noch davon aus, dass psychische Störungen zwar unbewusste Ursachen haben, aber meistenteils in Sprache gehoben werden können, weil sie immer schon mit Sprache verbunden waren. In der Weiterentwicklung seines therapeutischen Ansatzes zeigte sich immer deutlicher, dass der Bereich der Verdrängung – des Unbewussten durch Sprachentzug – überschritten werden musste. Zwar hatte schon Freud betont, dass das Unbewusste des Analytikers als empfangendes Organ auf den Analysierten eingestellt sein sollte (Freud, 1912), aber er blieb dem Bereich der Sprache verhaftet. Erst als die »frühen Entwicklungsstadien des Ichs« (Balint, 1966a) in den Blick gerieten, das heißt der Bereich, in dem überhaupt ein Selbst entsteht, verlor die Sprache ihre exklusive therapeutische Bedeutung.

Die »klassische Technik«, die das Aussprechen des Nicht-Gesagten und das Ausgesprochene als therapeutisches Medium ansah, war an ihre Grenze gekommen (Hardt, 2007b), sie eröffnete wegen ihrer Bindung an die Sprache eben gerade keinen »Neubeginn« (Balint, 1966b), der den Weg aus dem Man bahnt. Stand für Balint die Stimmung des Zusammenseins und das Sprache-Finden schon im Zentrum seiner therapeutischen Aufmerksamkeit, so steigerte sich die Entwicklung zur Überschreitung der Sprache und damit dessen, was man von sich sagen kann, bei einem Autor, der, mit seinen Erfahrungen als Kinderarzt ausgestattet, Psychotherapie betrieb: Winnicott. Bei ihm traten die Erfahrung im gemeinsamen Schweigen sowie der Gebrauch, den die Patienten von der Nicht-

---

25 Aus diesem Grunde habe ich gegen das BKA-Gesetz, das die absolute Vertraulichkeit der psychotherapeutischen Situation nicht mehr gewährleistet, Verfassungsbeschwerde eingelegt. Das Verfahren ist noch nicht entschieden.

Aufdringlichkeit eines anwesenden Gegenübers machen, in den Mittelpunkt des therapeutischen Geschehens. Er entdeckte einen nicht kommunizierbaren Kernbereich des Selbst, der durch das Gerede verdeckt wird, der aber im Schweigen (der »Nicht-Kommunikation«, Winnicott, 1974, S. 234) erfahrbar wird und damit eine Basis für ein wahres Wachstum bietet.

Loch hat schließlich 1968 die Funktion des Spracherwerbs für die Strukturbildung des Menschen beschrieben. Er stellt die Zusammenhänge zwischen »Ich-Werdung« und Spracherwerb dar (Loch, 1971, S. 84ff.) – wobei in dieser Entwicklung ein bedeutsamer Medienwechsel – analog dem von der Sprache zur Schrift – stattfindet. Die kommunikative Situation zwischen Zweien, die in einer Zwischenleiblichkeit leben (Merleau-Ponty, 1966), wird gegenüber einem potenziell abwesenden Dritten geöffnet.[26] Ohne Bezug auf die Theorien zur Sprachentwicklung[27] und ohne Kenntnis der Arbeiten von Ong beschreibt Loch die psychischen Veränderungen, die mit dem ersten Medienwechsel verbunden sind. Jetzt erst bekommen Worte allgemeine Bedeutung und gewinnen einen Sinn jenseits des direkten Aufeinander-bezogen-Seins.

In den neuen Medien haben wir es mit einer Psychotherapie zu tun, die sich meist ausschließlich der Schriftsprache bzw. der verschrifteten Sprache bedient. Welche Probleme mit dem Übergang von der Sprache zur Schrift in der Darstellung seelischer Prozesse verbunden sind, wird nirgendwo bedacht. Psychotherapie wird als Informationsaustausch verstanden, der elektronisch in Bits geschieht. Dass der Spracherwerb eine psychische Neuorganisation bewirkt und eine vorsprachliche Gefühlswelt zur Voraussetzung hat, die zeitlebens erhalten bleibt und

---

26 Die duale Partnerschaft lebt in dem organischen Verbunden-Sein. Erst in kleinen Schritten wird über die Abbildung im Angesicht des Anderen (Levinas, 1983), einem »angemessenen Gegenüber« (ebd.), eine Struktur, die von sich selbst weiß (das Ich), gebildet. Auf der Basis einer passiven Form der Teilhabe aneinander, nämlich der Basis der Ich-Werdung, kann mithilfe der Sprachfunktion mit dem Hinzutreten eines Dritten eine erweiterte Partnerschaft entstehen, die dann offen ist für die Welt und die Gemeinschaft (Triangulierung).

27 Nach Herder (1964[1772]) gibt es vor dem Erwerb der Erwachsenensprache mit ihrer Grammatik und individuellen Struktur eine sympathische Gefühlssprache, die nur im empathischen Mitvollzug des anderen zu verstehen ist, aber eine zwingende Verständigung des Handelns und Empfindens bewirkt. Er beschreibt, dass diese Sprache für den Menschen als Gattung eigentümlich ist, dass aber auch Tiere solche Sprachformen als sympathische oder sympathetische Sprachen haben, in denen sie aufeinander angewiesen sind, aufeinander reagieren und sich unmissverständlich verstehen in ihrem Gefühlsausdruck. Er meint sogar, dass das Gefühl von dem Ausdruck nicht zu trennen sei und der Ausdruck des Gefühls bei dem Gegenüber einen ähnlichen Gefühlszustand quasi wie ein Spiegelbild entstehen lässt, dem man sich nicht entziehen kann, höchstens durch spätere Reflexion, indem man auf eine andere Ebene geht.

weiterwirkt, dem wird keine Aufmerksamkeit geschenkt. So sind die Kunden der Internettherapie mündige, sprachmächtige Erwachsene, die sich über ihre Probleme austauschen, so wie man es eben kann und macht.

Weil die Internettherapie sich von aller »Zwischenleiblichkeit« löst, kann sie nie in die Bereiche vordringen, wo das Sprechen versagt, dort wo die Grundlagen unseres Selbstverstehens verortet sind. Sie hebt die Erschütterung auf, die es bedeutet, wenn wir in der Psychotherapie die Verantwortung für den Anderen im Angesicht erfahren.

Als Beratung des Man ist es in den neuen Medien jedem freigestellt, wie er mit dem umgeht, was die psychotherapeutische Intervention anbietet; wenn es nicht klappt, versuchen wir eben etwas anderes ...

X

Sehen wir uns das Internet genauer an, in das die Psychotherapie strebt. »Und man kann mit Recht und Sorge daran zweifeln, ob sie sich bewusst ist, welche kultur- und individualpsychologischen Implikationen dieser Schritt hat« (Hardt, 2014b, S. 15). Es gibt eine Fülle von Momenten, die mit dem Eintritt in die neuen Medien verbunden und psychologisch relevant sind. So ist zum Beispiel die Diskretion zwischen den beiden Partnern im psychotherapeutischen Prozess grundsätzlich nicht zu gewährleisten. Die Begegnung im Internet ist das Betreten eines öffentlichen Raumes, in dem niemand absoluten Vertrauensschutz verlangen oder zusagen kann.

Es ist eine Öffentlichkeit, in der kein menschlicher Beobachter im Mittelpunkt sitzt, sondern die Beobachtung ist neutral; meist ist es ein Algorithmus, der beobachtet und beurteilt. Damit ist die Internetöffentlichkeit ein noch perfekteres Panoptikum, als Bentham und Foucault es sich ausmalen konnten – ein Panoptikum, das seine Disziplinierungsaufgaben in einer stillen automatischen Weise erfüllt. Nur durch Internalisierung der Beobachtung und durch Selbstdisziplinierung als Man lässt sich diese Situation ertragen.[28]

Zusätzlich hat das globale Internet die Charakteristika eines »Bannoptikums«, also des Ausschließens vom Man, etwas, auf das David Lyon im Gespräch mit Zygmunt Baumann jüngst hingewiesen hat (Baumann & Lyon, 2013, S. 80). Durch den grenzenlosen Gebrauch von Kreditkarten (Parkuhren in Mia-

---

28 Netzspezialisten raten uns zurzeit wegen der nicht zu verleugnenden Datenunsicherheit, selbst zu Verschlüsselungsfachleuten zu werden, um unsere privaten Daten zu sichern.

mi) ist jeder kontrollierbar, wenn jemand aber keinen Kredit hat, seine Karte verliert oder sie aus einem Versehen gesperrt wird, ist er aus der Alltagswelt ausgeschlossen.

Die Funktion des »Bannoptikums« wird unter Umständen beim Gebrauch von Internettherapie zur Behandlung von Depressionen eine Rolle spielen. Die Versicherungswirtschaft ist darauf aus, ihre Leistungen zu individualisieren, das heißt Risiken zu personalisieren. Und sie nützt dazu jede Information, derer sie habhaft werden kann. So verbindet sie die Diagnose einer Depression mit einem höheren Risiko für Berufsunfähigkeits- und Lebensversicherungen[29] und verlangt eine höhere Prämie oder gewährt keinen Versicherungsschutz. Die Frage wird sein, ob die Nutzung oder vielleicht schon das probeweise Schnuppern an einer Internettherapie als Risikoindikator angesehen werden wird.

Alle, die sich kritisch mit der Wahrung von Privatheit oder deren Gefährdung im Internet auseinandersetzen, weisen darauf hin, dass das Internet auch bei noch so guter Fachkenntnis keine absolute Sicherheit der Privatheit gewährleisten kann. Es ist grundsätzlich öffentlich zugänglich.

Jemand, der dies wirklich beurteilen kann, Göttrik Wewer, Vice-President E-Government, Deutsche Post Consult GmbH, schrieb 2013, schon vor den Snowden-Enthüllungen:

> »Private Daten jedenfalls, die ins Internet gestellt werden, sind im Prinzip öffentlich, weil man nicht sicher sein kann, wer alles Zugriff darauf hat, und weil man die weitere Verwendung im Netz nicht kontrollieren kann: Was im Netz ist, ist in der Welt. Das Netz stellt eine neue, nämlich die digitale Öffentlichkeit dar. Das führt zu der Frage, was in dieser Sphäre das ›Schützen privater Daten‹ praktisch noch bedeuten kann« (Wewer, 2013, S. 53).

Es gibt verschiedene Strategien, mit der totalen Transparenz umzugehen. Eine ist die offensichtlich von der Internetwirtschaft gesponserte und proklamierte Ideologie der Post-Privacy: Wir brauchen keine Privatheit, sie ist von gestern und wir können auf sie verzichten! Die aggressive Post-Privacy (Heller, 2011) ist mit einer Aufhebung des Subjektes verbunden und setzt sich im Transhumanismus[30]

---

[29] Das war mit spärlichen Informationen über Rückversicherer schon früher bei Privatversicherten der Fall – ein Thema, an das viele Fachpolitiker nicht gerne erinnert werden wollen.

[30] Besonders Moravec (1993); vgl. auch Turkle (2012), worin eine von der Informatik enttäuschte Wissenschaftlerin sarkastisch die transhumanen Fantasien aus nächster Nähe schildert.

bruchlos fort – der Mensch ist ein überflüssiges Geschöpf, wegen seiner unzuverlässigen Datenverarbeitung sollte seine Wetware (das ist der lebendige Leib) technisch abgelöst werden. Hier gibt es keine Menschen mehr, die geworden sind, Menschen, die ein Selbstsein haben, das geschützt oder entdeckt werden muss; hier gibt es nur noch Rollen und Programme, die gespielt werden, die nach Belieben angenommen und gewechselt werden und die von aller leiblichen Beschränkung befreit wählbar sind. Die totale Transparenz macht angeblich alle gleich, sagt man, nur die Eigner des Netzes stehen im Dunkeln.

Das Internet bietet nicht nur eine ungeheure Möglichkeit der Entfaltung und Erfindung, sondern es ist zugleich durchsetzt von wirtschaftlichen Interessen, die deutlich auszumachen sind, aber meist hinter dem Angebot verschwinden und in Kauf genommen werden. Die wirtschaftlichen Interessen wirken auf die Kommunikation ein. Zusammen mit der unausweichlichen Transparenz führt das dazu, dass die Nutzer des Internets sich normgerecht verhalten.

In diesen Strukturen von Werbung und Konsum setzt sich ein gesteuertes Man durch, dessen Gesetze außerhalb der Tradition der Moderne liegen und einer bestimmten Ideologie folgen. Es ist das ökonomistische Man des potenten Kunden. Philipp Aumann (2013, S. 137) beschreibt das so:

»Das Individuum [im Internet] befindet sich in einer ökonomisch motivierten, selbstverschuldeten Unmündigkeit und ist als reiner Kunde verfasst. Er ist Teil einer gesamtgesellschaftlichen Ökonomisierung, eines Prozesses, bei dem die Macht zur Lenkung von Menschen von staatlichen und politischen Instanzen zu unternehmerischen Instanzen übergeht und bei dem die Strukturen einer Gesellschaft nach dem Ideal der Gewinnmaximierung aufgebaut werden«.[31]

Das ist das Ende der Aufklärung, verbunden mit einer Entpolitisierung des Subjektes, gegen dessen Auflösung lebenspraktische Gründe sprechen (Busch, 2011, S. 96).

XI

Wenn Psychotherapie ins Netz geht und sich damit der systemisch geforderten Logik von Effektivität und Effizienz unterwirft, also sich den Gesetzen des funktionalen Diskurses unterwirft, verliert sie die Aufgabe der Sinnstiftung.

---

31 Vgl. auch Hardt (2013).

Sie wird zu einer Technik im System, die eine bloße Reparatur des Man-Selbst betreibt; jede kritische Distanz zum gesellschaftlichen Geschehen ist damit aufgegeben.

Gefördert wird diese Transformation durch eine Wissenschaft, die sich ausschließlich der Effektivität und Effizienz unterworfen und den Sinn der Aufklärung aufgegeben hat (vgl. Lyotard, 1994). Die Erzählung von der Aufklärung des Menschen über sich selbst hat sie verabschiedet. Die Erzählung handelte davon, wie der Mensch zu sich kommen kann und frei wird, sein Leben selbst zu gestalten. Unterstützt wird diese Transformation des Weiteren durch eine global agierende Datenwirtschaft, die aggressiv alle demokratisch verfassten Institutionen hinwegfegt, die die Menschen zum Schutz ihres Zusammenlebens errichtet haben[32].

In dieser neuen Datenwelt, deren Herrschaftsform die Datokratie neoliberalen Zuschnitts ist, hat sich der Mensch aufgelöst. Das Subjekt hat seine Privatheit verloren, sie ohne großen Widerstand abgegeben. Damit ist seine Eigenart, die den Alten als unaussprechbar galt[33], verschwunden. Das, was von dem Menschen übrig geblieben ist, ist nur eine kontingente Ansammlung von unzerstörbaren Daten: der Datensack einer vergänglichen Wetware.

Die Menschen sind zu freiwilligen Datenlieferanten einer Industrie der Konnektivität geworden, die aus der Datenbearbeitung ungeheuren Mehrwert schafft (vgl. Terranova, 2000). Nicht »umsonst« sind Facebook, Google, Microsoft und die anderen großen Player der Datenbewirtschaftung führende Weltunternehmen. Die Menschen sind als deren Kunden verfasst und sind doch zugleich die, die als Rohstoff ausgebeutet werden. Zum eigenen Schutz sollten sie im Man verbleiben.

XII

Nun kann man einwenden, das ist die Dystopie eines technikfernen alten Mannes, der an der Eigentlichkeit des Menschen festhält. Die Jungen, die *digital natives*, sehen das alles ganz anders, sie suchen vielleicht Beratung und werden ihr Bestes daraus machen. Belehrung durch die Alten, die sich anmaßen, Exper-

---

32 Obwohl die neuen Medien Demokratisierungsprozesse befördern oder gar anstoßen können, sind sie im demokratischen Normalbetrieb wegen ihrer Unkontrollierbarkeit und Machtkonzentration eine Gefahr für die Demokratie.
33 Individuum ineffabile est.

ten des Lebens zu sein, belächeln sie. Die »Däumelinchen« sind als digitale Geschöpfe, wie Michel Serres (2013) in seinem Alterswerk meint, eine neue Gattung Mensch, die nur zu bewundern und zu beneiden ist. Ihr Leben, ihre Welt, ihre Beziehungen haben sich gewandelt. Sie wissen alles, sind frei darin, sich immer wieder neu zu erfinden, denn sie haben sich von aller Enge befreit. Ihr Kopf sitzt nicht mehr auf dem Hals und ruht nicht mehr auf den Schultern, sie haben keine Last mehr mit ihm, sie tragen ihn als Smartphone oder Laptop vor sich in der Hand, mit leichtem Schritt, wohin sie wollen – so wie einst Saint Dénis von Paris, nachdem er geköpft worden war, unbeirrt den Weg zu seinem Ort nahm (Serres, 2013, S. 32ff.). Das Mittelalter kehrt digitalisiert wieder (vgl. Di Blasi, 2006).

Für jemanden, der von der Last des Selbstseins befreit ist, weil er sich jederzeit beliebig neu erschaffen kann, ist die Therapie des Man die Therapie der Wahl. Zudem ist die Internettherapie kompatibel mit der Welt, in der sie auftritt, dem globalen Markt des freien Wettbewerbs, in dem sich durch Algorithmen gelenkte Kapitalströme blitzschnell bewegen. Hier ist kein Ort für die Schwere des Selbstseins, hier ist die Leichtigkeit des Man gefragt. In der Zeit nach dem Menschen (Transhumanismus) hat die Psychotherapie als Aufklärung des Menschen über sich selbst ihren Sinn verloren. Counseling, Consulting und Coaching rüsten das Man wieder auf und leisten ihren systemkonformen Beitrag.

Psychotherapie im Netz steht unter der Herrschaft des Man, und das ist gut so, denn es ist die einzige Form, in der sie zu verantworten ist.

Literatur

Aumann, P. (2013). Control – Kommunikationstechniken als Motoren von Entprivatisierung und Fremdsteuerung. In U. Ackermann (Hrsg.), *Im Sog des Internet – Öffentlichkeit und Privatheit im digitalen Zeitalter* (S. 131–150). Heidelberg/Frankfurt: Humanities Online.
Balint, M. (1966a). Frühe Entwicklungsstadien des Ichs – Primäre Objektliebe. In M. Balint (Hrsg.), *Die Urformen der Liebe und die Technik der Psychoanalyse* (S. 93–115). Bern/Stuttgart: Gemeinschaftsverlag Huber & Klett.
Balint, M. (1966b). Der Neubeginn, das paranoide und das depressive Syndrom. In M. Balint (Hrsg.), *Die Urformen der Liebe und die Technik der Psychoanalyse* (S. 280–303). Bern/Stuttgart: Gemeinschaftsverlag Huber & Klett.
Bauman, Z. & Lyon, D. (2013). *Daten, Drohnen, Disziplin*. Frankfurt: Suhrkamp.
Baym, N. K. (2010). *Personal Connections in the Digital Age*. Cambridge: Polity Press.
Beck, A. T., Rush, J., Shaw, B. F. & Emery, G. (1981). *Kognitive Therapie der Depressionen*. 1. Aufl. München: Urban und Schwarzenberg.

Borsook, P. (2001). *Schöne neue Cyberwelt – Mythen, Helden und Irrwege des Hightech*. München: DTV.
Breuer, J. & Freud, S. (1895). *Studien über Hysterie*. Leipzig/Wien: Franz Deuticke.
Busch, H.-J. (2011). Das Unbehagen in der Spätmoderne. In J. A. Schülein & H.-J. Wirth (Hrsg.), *Analytische Sozialpsychologie – Klassische und neuere Perspektiven*. Gießen: Psychosczial-Verlag.
Caspar, F., Berger, T., Lotz-Rambaldi, W. & Hohagen, F.(2013). Internetbasierte Psychotherapie und E-Mental-Health. *Verhaltenstherapie, 23*(3), 137–139.
Deprexis-Team (2014). Gedanken für den Tag. www.deprexis.broca.io (25.6.2014).
Di Blasi, L. (Hrsg.). (2006). *Cybermystik*. München: W. Fink.
Döring (2003). *Sozialpsychologie des Internet. Die Bedeutung des Internet für Kommunikationsprozesse, Identitäten, soziale Beziehungen und Gruppen*. Göttingen: Hogrefe.
Döring, N. (2008). Sexualität im Internet – ein aktueller Überblick. *Zeitschrift für Sexualforschung, 21*(4), 291–318.
Foucault, M. (1994). *Überwachen und Strafen. Die Geburt des Gefängnisses*. Frankfurt: Suhrkamp.
Freud, S. (1912). Ratschläge für den Arzt bei der psychoanalytischen Behandlung. *GW Bd. VIII*, S. 376–387. Frankfurt: S. Fischer.
Freud, S. (1913). Zur Einleitung der Behandlung. *GW Bd. VIII*, S. 454–478. Frankfurt: S. Fischer
Freud, S. (1939). Some Elementary Lessons in Psychoanalysis. *GW Bd. XVII*, S. 139–147. Frankfurt: S. Fischer.
Friedman, M. (1971). *Kapitalismus und Freiheit*. Stuttgart: Piper.
Fuchs, T. (2008). *Leib und Lebenswelt: Neue philosophisch-psychiatrische Essays*. Kornwestheim: Graue Edition.
Habermas, J. (1981). *Theorie des kommunikativen Handelns*. Bd.1 und 2. Frankfurt: Suhrkamp.
Hampe, M. (2014). *Die Lehren der Philosophie – eine Kritik*. Berlin: Suhrkamp.
Han, Byung-Chul (2014). *Psychopolitik – Neoliberalismus und die neuen Machttechniken*. Frankfurt: S. Fischer.
Hardt (2007a). Alltagsverstehen und die Kunst des Verstehens. In J. Hein & K. O. Hentze (Hrsg.), *Das Unbehagen in der (Psychotherapie-)Kultur* (S. 188–195). Bonn: Deutscher Psychologen Verlag.
Hardt, J. (2007b). Über die zukünftigen Chancen der Psychoanalyse – oder besser: des Psychoanalytischen Projekts. In A. Springer, K. Münch & D. Munz (Hrsg.), *Psychoanalyse heute?!* (S. 249–271). Gießen: Psychosozial-Verlag.
Hardt, J. (2009). Ökonomismus als letzte Heilslehre – ein Vortrag für gebildete Laien. http://lppkjp.de/wp-content/uploads/2014/09/Hardt-%C3%96konomismus-als-Heilslehre.pdf (1.10.2014).
Hardt, J. (2011). Ohnmacht, Grenzen oder Ende der Einsicht. Kongressmaterialien der DPV-Frühjahrstagung, 23.–26. März 2011, Frankfurt.
Hardt, J. (2012a). Psychoanalyse in der virtuellen Welt. In A. Springer, B. Janta & K. Münch (Hrsg.), *Nutzt Psychoanalyse?!* (S. 111–130). Gießen: Psychosozial-Verlag.
Hardt, J. (2012b). Vom allmählichen Verschwinden der Sexualität im virtuell Banalen, *Werkblatt Psychoanalyse und Gesellschaftskritik, 29*(69), 25–51.
Hardt, J. (2013). *Methode und Techniken der Psychoanalyse*. Gießen: Psychosozial-Verlag.
Hardt, J. (2014a). Psychotherapie unter Herrschaft des Man – Subjekt und Beziehung in der Internettherapie. In P. Wahl & U. Lehmkuhl (Hrsg.), *Seelische Wirklichkeiten in virtuellen Welten*. Beiträge zur Individualpsychologie, Band 40 (S. 253–270). Göttingen: Vandenhoeck & Ruprecht.

Hardt, J. (2014b). Was kann psychotherapeutische Fernbehandlung leisten und was nicht? – ein medienpsychologischer Beitrag zum Symposium der DPtV am 26. Juni 2014 in Berlin: Geht Psychotherapie online? *Psychotherapie Aktuell, 6*(2), 15–17.

Hardt, J. (2014c). Was ist gesund – was ist krank? Der gesellschaftliche Einfluss auf den Krankheitsbegriff. Vortrag auf dem 5. Hamburger Psychotherapeutentag am 21. Juni 2014. www.ptk-hamburg.de (1.10.2014).

Hardt, J. (2014d). Therapeutische Verantwortung heute. Gedanken zur Ethik der Gesundheitswirtschaft – Über den neuen Wert und die Würde des leidenden Menschen. In S. Karl & H.-G. Burger (Hrsg.), Frieden sichern in Zeiten des Misstrauens. Zur Aktualität von Martin Buber, Dag Hammarskjöld und Horst-Eberhard Richter (S. 109–122). Gießen: Psychosozial-Verlag.

Hardt, J. & Ochs, M. (2011). »Internettherapie« – Chancen und Gefahren – eine erste Annäherung. *PTJ 1/2011*, 28–32.

Hautzinger, M. (2013). *Kognitive Verhaltenstherapie bei Depressionen*, 7. Aufl. Weinheim und Basel: Beltz.

Hayek, F. A. v. (2009). *Der Weg zur Knechtschaft*. München: Olzog.

Heidegger, M. (1963). *Sein und Zeit*. 10. Aufl. Tübingen: Niemeier.

Heller, C. (2011) *Post-Privacy*. München: Beck.

Herder, J. G. (1964) [1772]. Abhandlung über den Ursprung der Sprache. In *Herders Werke in fünf Bänden* (2. Bd., S. 77–190). Berlin und Weimar: Aufbau-Verlag.

Kabat-Zinn, J. (1990). *Full Catastrophe Living. The Program of the Stress Reduction Clinic at the University of Massachusetts Medical Center*. New York: Delta.

Kant, I. (1788). Was ist Aufklärung?. In E. Bahr (Hrsg.), *Was ist Aufklärung? Thesen und Definitionen* (S. 8–17). Stuttgart: Reclam.

Klasen, M., Knaevelsrud, C. & Böttche, M. (2013). Die therapeutische Beziehung in internetbasierten Therapieverfahren. *Nervenarzt*, 84(7), 823–831.

Knaevelsrud, C. & Böttche, M. (2013). Schreibtherapie nach traumatischen Belastungen: Therapieansätze und Wirkmechanismen. *Psychotherapie, Psychosomatik, Medizinische Psychologie*, 63(09/10), 391–397.

Lanier, J. (2014). *Wem gehört die Zukunft?*. Hamburg: Hoffmann & Campe.

Levinas, E. (1983). *Die Spur des Anderen – Untersuchungen zur Phänomenologie und zur Sozialphilosophie*. Freiburg/München: Karl Alber.

Loch, W. (1971). Über die Zusammenhänge zwischen Partnerschaft, seelischer Strukturbildung und Mythos. In W. Loch (Hrsg.), *Zur Theorie, Technik und Therapie der Psychoanalyse* (S. 66–93). Frankfurt: Fischer.

Lyotard, J.-F. (1994). *Das postmoderne Wissen*. Wien: Passagen Verlag.

Martiniuk, U., Dekker, A. & Matthiesen (2013). *Sexuelle Interaktionen von Jugendlichen im Internet*. www.m-und-k.nomos.de/fileadmin/muk/doc/Aufsatz_MuK_13_03.pdf (1.9.2014).

Merleau-Ponty, M. (1966). *Phänomenologie der Wahrnehmung*. Berlin: Walter de Gruyter.

Meyer, B., Jacob, G. & Weiss, M.(2014). Wie wirksam sind internetbasierte Programme? Depressionsbehandlung. *NeuroTransmitter 25*(4), 48–59.

Mill, J. S. (2006) [1977]. Civilization. In J. M. Robson (Hrsg.), *The Collected Works of John Stuart Mill, Volume XVIII – Essays on Politics and Society, Part I (On Liberty)* (S. 119–147). The University of Toronto Press, online Edition.

Moravec, H. (1993). Geist ohne Körper – Visionen von der reinen Intelligenz. In G. Kaiser, D. Matejowski & J. Fedrowitz (Hrsg.), *Kultur und Technik im 21. Jahrhundert* (S. 81–90). Frankfurt: Campus.

Oelkers, J. (Hrsg.). (2001). *Einführung in die Medienpädagogik*. Weinheim: Beltz.
Ong, W. (1982). *Orality and Literacy*. New York: Routledge.
Platon (o. J.). Phaidros. In *Sämtliche Werke in zwei Bänden* (S. 357–390). Essen: Phaidon.
Reijen, W. v. (1992). *Allegorie und Melancholie*. Frankfurt: Suhrkamp.
Rieck, C. (2006). Professor Rieck's Spieletheorie-Seite. www.spieletheorie.de (22.7.2014).
Salber, W. (1968). *Der psychische Gegenstand – Untersuchungen zur Frage des Psychologischen Erfassens und Klassifizierens*. 3. Aufl. Bonn: Bouvier.
Serres, M. (2013). *Erfindet Euch neu! Eine Liebeserklärung an die vernetzte Generation*. Berlin: Suhrkamp.
Six, U., Gleich, U. & Gimmler, R. (Hrsg.). (2007). *Kommunikationspsychologie – Medienpsychologie*. Weinheim/Basel: Beltz Verlag.
Steger, M. B. & Roj, R. K. (2010). *Neoliberalism: A Very Short Introduction*. http://readingrhetoric.wordpress.com/2011/07/25/neoliberalism-a-very-short-introduction/ (01.10.2014).
Terranova, T (2000). *Free Labor: Producing Culture for the Digital Economy*. Project Muse. Duke University Press. www.muse.jhu.edu/journals (1.10.2014).
Turkle, S. (2012). *Verloren unter 100 Freunden*. München: Riemann.
Wagner, B., Horn, A. B. & Maercker, A. (2013). *Internet-based versus face-to-face cognitive-behavioral intervention for depression: a randomized controlled non-inferiority trial*. Journal of Affective Disorders, digitale Ausgabe: http://www.elsevier.com/locate/jad (1.10.2013)
Wewer, G. (2013). *Die Verschmelzung von privater und öffentlicher Sphäre im Internet*. In U. Ackermann (Hrsg.), *Im Sog des Internet – Öffentlichkeit und Privatheit im digitalen Zeitalter* (S. 53–70). Heidelberg/Frankfurt: Humanities Online.
Winnicott, D. W. (1974). *Reifungsprozesse und fördernde Umwelt*. München: Kindler.
Winnicott, D. W. (1976). *Von der Kinderheilkunde zur Psychoanalyse*. München: Kindler.

Internetpsychotherapie

Rechtslage, Einordnung, Regelungsbedarfe

Johann Rautschka-Rücker

Bei dem folgenden Beitrag handelt es sich um die Ausarbeitung eines Vortrages auf der Klausurtagung der Landespsychotherapeutenkammern zum Thema Internetpsychotherapie am 12. März 2011 in Hamburg. Dort sollten erste Eckpunkte der Profession für den Umgang mit und die Bewertung von Angeboten der »Internetpsychotherapie« erarbeitet werden.

Der Begriff »Internetpsychotherapie« ist einigermaßen unscharf; sehr unterschiedliche therapeutische Angebote werden unter diesem Label zusammengefasst (vgl. z. B. Hardt & Ochs, 2011). Deshalb möchte ich, um Fehlschlüsse von vornherein zu vermeiden, den Begriff »psychotherapeutische Fernbehandlung« gebrauchen. Sie liegt dann vor, wenn Angaben über eine Erkrankung, insbesondere Symptome oder Befunde einem Psychotherapeuten von einem Kranken oder Dritten übermittelt werden und dieser, ohne den Kranken gesehen zu haben, eine Diagnose stellt, einen Behandlungsvorschlag unterbreitet und/oder die Behandlung durchführt (Almer, 2008, S. 14).

Die Fernbehandlung weist spezifische Problemstellungen auf, die der Bewältigung bedürfen. An erster Stelle möchte ich die Schwierigkeit, das Gegenüber zuverlässig zu identifizieren, nennen. Soweit für mich erkennbar ist, hat bislang niemand problematisiert, dass zum Beispiel bei E-Mail-Kommunikation beiderseits nicht gesichert ist, wer eigentlich »auf der anderen Seite« schreibt. Darüber hinaus wird vielfach die durch Anonymität erreichte Niedrigschwelligkeit als besonderer Vorzug von Online-Angeboten gesehen (Wenzel, 2008, S. 95). Wie lange darf aber ein therapeutischer Kontakt anonym bleiben?

Die mit Fernbehandlung zwingend verbundene »Kanalreduktion« wird einerseits als besonderer Vorteil beschrieben, andererseits wird aber die Gefahr gesehen, dass Verzerrungseffekte wie zum Beispiel Missverständnisse wegen fehlender nonverbaler Signale schwieriger zu bemerken und zu korrigieren sind (Wagner & Lange, 2008, S. 118).

Abschließend sei auf das Problem der Sicherheit des Übertragungsweges hingewiesen. Schweigepflicht und Datenschutz, aber auch die Gefahr der Manipulation durch Dritte sind Stichworte, die dieses Problemfeld umreißen. Auf all diese Themen will ich hier nicht näher eingehen, sondern zunächst einmal den rechtlichen Rahmen beschreiben, in dem psychotherapeutische Fernbehandlungen sich bewerten lassen müssen.

Jede Ausübung von Psychotherapie findet in einem Raum statt, der rechtlich geprägt ist. Dabei wird man zwar in der Regel keine Gesetzesregelungen finden, die sich ausdrücklich mit psychotherapeutischen Fernbehandlungen befassen;[1] allerdings gibt es einerseits die berufsrechtlichen Vorgaben der jeweiligen Kammer, andererseits sind Standards zur Vermeidung haftungsrechtlicher Risiken zu beachten und – sofern es sich um eine Psychotherapie im Rahmen der gesetzlichen Krankenversicherung handelt – setzt das Sozialrecht einen klar definierten rechtlichen Rahmen.

Beim Berufsrecht handelt es sich um Setzungen durch die Kammern, wobei höherrangiges Recht beachtet werden muss. Hier ist insbesondere Art. 12 GG von Relevanz und es gab beispielsweise wegen des Werbeverbots der ärztlichen Berufsordnungen mehrfach Gerichtsentscheidungen, die berufsrechtliche Anpassungen erzwangen. Auf das Berufsrecht möchte ich erst in meiner abschließenden Betrachtung zurückkommen.

Die haftungsrechtlichen Standards (landläufig als Facharztstandard bezeichnet) beruhen insbesondere auf den vertragsrechtlichen Regelungen des Bürgerlichen Gesetzbuchs, die die Rechtsprechung auf der Grundlage sachverständigen Rates ausgeformt hat und ständig weiter präzisiert. Sie gebieten die Vermeidung einer Schädigung des Patienten, die berufsfachlich gebotene Sorgfalt (Laufs & Kern, 2010, S. 1201) und das in Kreisen gewissenhafter Ärzte oder Fachärzte vorausgesetzte Verhalten (BGH NJW 2000, 2737). Gründel formuliert zum »psychotherapeutischen Standard«: »Maßstab der anerkannten Regeln ist der psychotherapeutische Standard, den die Berufsgruppe der Psychotherapeuten durch ihr berufliches Tun festlegt, sodass die jeweilige Frage lautet: Was hätte ein fachkundiger Psychotherapeut im konkreten Fall und zur konkreten Zeit getan bzw. unterlassen« (Gründel, 2000, S. 95f.).

---

1 Eine Ausnahme stellt §9 Heilmittelwerbegesetz dar; die Regelung betrifft allerdings lediglich Werbung für Fernbehandlungen, nicht deren Zulässigkeit.

Einen ähnlichen Maßstab setzt das Sozialrecht. Es gewährt »ausreichende und zweckmäßige Behandlung von Krankheiten nach den Regeln der ärztlichen Kunst« (§28 Abs. 1 SGB V). Darüber hinaus kreieren SGB V und untergesetzliche Normen ein System der gesetzlichen Krankenversicherung, das aktuell nicht auf Fernbehandlung ausgelegt ist und diese nicht ermöglicht. Zum Beispiel ist §24 der Zulassungsverordnung für Vertragsärzte (Vertragsarztsitz, Präsenzpflicht, Residenzpflicht) raumgebunden angelegt, während Fernbehandlungen diese Gebundenheit gerade nicht eigen ist. Bisher bekannte Spielarten der Fernbehandlung dürften kaum in das Schema der Psychotherapierichtlinien hinsichtlich Leistungsumfang und Frequenz passen und es fehlt auch eine EBM-Regelung, das heißt alle Anforderungen des §12 Abs. 3 Bundesmantelvertrag – Ärzte dürften nicht erfüllt sein. Zu diesen eher strukturprägenden Vorschriften möchte ich anmerken, dass sie dann durch den Gesetz- und die weiteren Normgeber verändert werden könnten, wenn es beispielsweise aus ökonomischen oder versorgungspolitischen Gründen opportun erscheint, Fernbehandlungen zu ermöglichen. Denn Recht ist nicht statisch, es wandelt sich mehr oder weniger rasch. Auslöser können der wissenschaftliche Fortschritt, gesellschaftliche und kulturelle Veränderungen oder die ökonomischen Rahmenbedingungen sein.

Bei der rechtlichen Beurteilung psychotherapeutischer Behandlungen besteht letztlich ein Primat fachlicher Standards. Sie werden von der Profession definiert. Die Rechtsprechung und die Literatur entwickeln anhand konkreter Entscheidungen verallgemeinerbare[2] Grundsätze zum sogenannten »Facharztstandard«. Neue Verfahren oder Methoden müssen sich an diesen Grundsätzen messen lassen, können aber auch die Profession zur Setzung neuer Standards veranlassen.

Für Ärzte und Psychotherapeuten gilt der Grundsatz der Therapiefreiheit (Steffen & Pauge, 2010, Rz. 443), sodass der Psychotherapeut auch neue Verfahren anwenden kann (Gründel, 2000, S. 132). Die Therapiefreiheit entbindet aber nicht von den Sorgfaltspflichten. Gerade beim Einsatz neuartiger Verfahren sind diese sogar erhöht: Das Neulandverfahren ist kritisch mit den herkömmlichen Verfahren zu vergleichen und auf evidente Fehler zu untersuchen (Gründel, 2000, S. 132f.). Unter mehreren anerkannten Verfahren ist dasjenige zu wählen, das einerseits die besten Heilungschancen eröffnet, andererseits die geringste Gefahr für den Patienten mit sich bringt. Vor- und Nachteile sind gewissenhaft abzuwägen (Ulsenheimer, 2010, S. 1593).

Vertretbar kann selbst die Wahl einer neuen, klinisch nicht hinreichend erprobten Therapie sein, jedoch verpflichtet dieser sogenannte Heilversuch zu-

---

2 Auf das Problem der Verallgemeinerbarkeit wird noch einzugehen sein.

sätzlich zu den genannten Anforderungen zu besonders intensiver Kontrolle des Behandlungsverlaufs (Steffen & Pauge, 2010, Rz. 210).

Bevor ich den Versuch unternehme, psychotherapeutische Fernbehandlungen an der haftungsrechtlichen Rechtsprechung entlehnten Standards zu messen, möchte ich noch auf das Problem der Verallgemeinerbarkeit der haftungsrechtlichen Rechtsprechung eingehen. In der Literatur findet sich beispielsweise die apodiktische Aussage: »Ebenso wie eine Fernbehandlung ist die Ferndiagnose unzulässig« (Kern, 2010, S. 659). An anderer Stelle (ebd., S. 666) wird diese Aussage mit einem Urteil des Bundesgerichtshofes belegt, in der der BGH ausführt:

> »Es gehört zu den Aufgaben des Arztes, sich von den Leiden seines Patienten ein eigenes Bild zu machen, dabei die Angaben Dritter nicht ungeprüft zu übernehmen und wichtige Befunde selbst zu erheben. Ferndiagnosen aufgrund mündlicher Berichte von Angehörigen können in den seltensten Fällen ausreichen« (BGH NJW 1979, 1248ff.).

Diesem Urteil lag ein Sachverhalt zugrunde, in dem der Patient nach Behandlung einer Virusinfektion verstarb, der Arzt den Patienten nicht selbst gesehen oder untersucht hatte; Diagnose und Medikation erfolgten aufgrund einer Symptomschilderung durch Angehörige. Die Obduktion ergab als Todesursache unter anderem eine ausgedehnte Lungenentzündung nebst eitriger Rippenfellentzündung.

Im Kontext der hier behandelten Thematik stellt sich die Frage, ob und inwieweit derartige Leitsätze der Rechtsprechung oder der Literatur auf psychotherapeutische Behandlungen übertragen werden können, ob sie deren Eigenart und deren Besonderheiten gegenüber der Diagnose und Behandlung somatischer Erkrankungen gerecht werden. Die Beantwortung dieser Frage in jedem Einzelfall ist wichtig, weil es obergerichtliche Urteile zu Standards psychotherapeutischer Behandlungen nach meiner Kenntnis nicht gibt. Das bedeutet gleichzeitig, dass in den Urteilen, die herangezogen werden können, die Standards der ärztlichen Profession und der jeweils betroffenen Facharztgruppe Entscheidungsgrundlage gewesen sind.

Meines Erachtens sind vier Stadien psychotherapeutischer Behandlungen zu beleuchten, nämlich Diagnose, Indikation, Aufklärung und Überwachung des therapeutischen Prozesses. Für die Diagnose fordern die geläufigen Standards aus der Rechtsprechung, dass alle notwendigen Befunde erhoben (Steffen & Pauge, 2010, Rz. 184 mit umfangreichen Rechtsprechungsnachweisen) und alle zu Gebote stehenden Erkenntnisquellen genutzt werden (Laufs & Kern, 2010,

S. 1209). Werden diese Standards nicht beachtet, bestehe die Gefahr, dass objektive Befunde übersehen würden und die Therapie zum Nachteil des Patienten bereits zu Beginn in die falsche Richtung führe, weshalb Almer (2008, S. 16) einer Internettherapie ohne vorherigen persönlichen Kontakt eine Absage erteilt. Wagner und Maerker (2011) heben für die internetbasierte Psychotherapie die zentrale Bedeutung strenger Ausschlusskriterien hervor. Zur Gewährleistung dieser Ausschlusskriterien, insbesondere Drogenabusus, schwere Depression und ernsthafte Suizidgefährdung, und zu deren vollständiger und sicherer Diagnostik ist nach Auskunft von Fachleuten der unmittelbare persönliche Kontakt unverzichtbar.

Zur Stellung der Indikation gehört aufgrund der gesetzlichen Regelung des §1 Abs. 3 PsychThG die Pflicht zur somatischen Abklärung. Zu den Standards zählen weiter die Unterlassung nicht angezeigter therapeutischer Behandlungen (Gründel, 2000, S. 130; Kern, 2010, S. 664) sowie eine positive Prognose für den gewählten Behandlungsansatz. Daran knüpft sich zunächst die Frage, ob bei den bekannten Ansätzen von Fernbehandlungen überhaupt eine somatische Abklärung stattfindet bzw. ob und wie eine solche Abklärung organisiert werden kann. Darüber hinaus könnten Zweifel bestehen, ob die Möglichkeiten einer Ferndiagnostik zureichende Grundlage einer fachgerechten Indikation sein können. Zur Stellung einer positiven Prognose ist es erforderlich, die Motivation des Patienten/der Patientin beurteilen zu können. Ist das unter den Bedingungen der »Kanalreduktion« möglich?

Zur Aufklärung gehört nach der Rechtsprechung des Bundesverfassungsgerichts die Information des Patienten über die Diagnose, das Behandlungsziel, die beabsichtigte Therapie und die bestehenden Risiken (BVerfG NJW 1979, 1925). Das »Wie« steht im pflichtgemäßen Beurteilungsermessen des Behandelnden (BGH NJW 1984, 1397), er hat im »Großen und Ganzen« aufzuklären (BGH NJW 2000, 1786). Der Patient ist in die Lage zu versetzen, das Wesen, die Bedeutung, die Risiken und Dauer sowie die Erfolgsaussichten der Therapie in den Grundzügen zu erfassen (Gründel, 2000, S. 87). Aufklärungspflichtig ist im Regelfall jeder Behandler für die Behandlungsaufgabe, die er durchführt (Steffen & Pauge, 2010, Rz. 504ff., m.w.N.), das heißt der eigenverantwortlich tätige Psychotherapeut (Gründel, 2000, S. 75). Die Rechtsprechung tritt nachdrücklich für die mündliche Information im persönlichen Gespräch ein, die alleinige Überreichung eines Merkblattes genüge nicht den Anforderungen (BGH NJW 1994, 793; BGH NJW 2000, 1784). Merkblättern fehle die Ausrichtung auf den individuellen Fall; zudem könne nur im Gespräch festgestellt werden, ob der Patient die ihm vermittelten Informationen verstanden hat (BGH NJW 1985, 1399).

Laufs formuliert: »Mitmenschliche Zuwendung und Gemeinschaft braucht das Wort. Arzt und Patient müssen einander zuhören und sich wechselseitig mitteilen [...] Der moderne Medizinbetrieb gefährdet und verkürzt das notwendige Gespräch zwischen Arzt und Patient« (Laufs, 2010, S. 705). Gründel (2000, S. 73) argumentiert damit, dass das persönliche und einfühlsame Gespräch zu den Grundpflichten des Therapeuten gehöre und – im Gegensatz zum zeitlich überforderten Arzt – keinen Einschränkungen und Praktikabilitätserwägungen unterliegen dürfe.

Fernaufklärungen sind deshalb in ihrer jeweiligen Form darauf zu prüfen, ob eine sachgerechte, aufklärende Kommunikation möglich ist, insbesondere ob eine Ausrichtung auf den individuellen Fall erfolgen kann. Es sind Zweifel dahin gehend angebracht, ob der Behandler in die Lage versetzt wird festzustellen, ob der Patient die Aufklärung angemessen »versteht«.

Zu den fachlich unabdingbaren Standards gehört eine ausreichende Überwachung und Kontrolle des Therapieverlaufs (Gründel, 2000, S. 135 m. w. N.; Almer, 2008, S. 16). Dazu zählt einerseits die Erfolgskontrolle, die unter anderem auch die Korrektur unrealistischer und unerreichbarer Therapieziele ermöglichen soll (Gründel, ebd.). Andererseits trifft den Psychotherapeuten die Pflicht, Selbstschädigungen des Patienten zu verhindern. Insofern könnten die besonderen Bedingungen einer Fernbehandlung die Gefahr bergen, dass Symptome übersehen oder unterschätzt werden. Almer (ebd.) fordert, dass der Therapeut im Falle von Fernbehandlungen seinen Posteingang engmaschig überwachen muss, damit E-Mails nicht ungelesen liegen bleiben. Aus fachlicher Sicht wäre zu fragen, ob der Therapieverlauf ohne persönlichen Kontakt zureichend beurteilt werden kann und ob auf einen bevorstehenden Suizid deutende Symptome bzw. verheimlichte gravierende Verschlechterungen ohne persönlichen Kontakt wahrgenommen werden können.

Das Berufsrecht setzt sich auf unterschiedliche Weise mit Fernbehandlungen auseinander. In §5 Abs. 5 der Musterberufsordnung der Bundespsychotherapeutenkammer heißt es: »Psychotherapeuten erbringen psychotherapeutische Behandlungen im persönlichen Kontakt. Sie dürfen diese über elektronische Kommunikationsmedien nur in begründeten Ausnahmefällen und unter Beachtung besonderer Sorgfaltspflichten durchführen.« In §7 Abs. 3 der Musterberufsordnung der Bundesärztekammer findet sich folgende Regelung: »Ärztinnen und Ärzte dürfen individuelle ärztliche Behandlung, insbesondere auch Beratung, weder ausschließlich brieflich noch in Zeitungen oder Zeitschriften noch ausschließlich über Kommunikationsmedien oder Computerkommunikationsnetze durchführen.«

Wenn man sich die Berufsordnungen der Landespsychotherapeutenkammern anschaut, wird man eine noch darüber hinausgehende Bandbreite an Ansätzen finden. Gemeinsam ist allen, dass sie die hier angesprochenen Problemfelder – hingewiesen sei hier nur auf die Diagnostik – nicht zielgenau treffen. Meines Erachtens ist das Berufsrecht insoweit einerseits verbesserungsbedürftig und anderseits auch verbesserungsfähig. Angesichts der Vielgestaltigkeit möglicher Behandlungsansätze und -konstellationen ist das Berufsrecht allein allerdings nicht in der Lage, allen Herausforderungen gerecht zu werden. Es würde der Entwicklung doch immer hinterherhinken, selbst wenn man ihm einen stark kasuistischen Charakter gibt.

Deshalb empfehle ich, das Berufsrecht bei Erhalt seines Abstraktionsniveaus zielgenauer zu gestalten, insbesondere aber zu ergänzen durch fachliche Empfehlungen zum psychotherapeutischen Behandlungsstandard, die beispielsweise die Bundespsychotherapeutenkammer geben könnte. In der Rechtsprechung zum Arzthaftungsrecht ist anerkannt, dass Leitlinien und Empfehlungen der Bundesärztekammer oder der Medizinischen Fachgesellschaften zwar keine Bindungswirkung besitzen, aber einen Wegweiser für den medizinischen Standard darstellen, von dem abzuweichen besonderer Rechtfertigung bedarf (BGH, NJW 1987, 2937; Steffen & Pauge, 2010, Rz. 178). Diesen Weg könnte und sollte die Profession nutzen.

In der Diskussion um die »Internetpsychotherapie« ist oft von der in Studien nachgewiesenen Wirksamkeit zu lesen (Beispiele bei Wagner & Maerker, 2008). Darüber darf aber nicht vergessen werden, dass der Maßstab für die Beurteilung, ob eine richtige oder falsche Behandlung gewählt wurde, nicht der Erfolg oder Misserfolg ist, sondern die Einhaltung der Sorgfaltsregeln der psychotherapeutischen Kunst. Diese gilt es im fachlichen Diskurs herauszuarbeiten und zu formulieren.

Literatur

Almer, S. (2008). Das Fernbehandlungsverbot als rechtliche Grenze im Einsatz Neuer Medien in der psychosozialen Versorgung. In S. Bauer & H. Kordy (Hrsg.), *E-Mental-Health* (S. 13–17). Heidelberg: Springer.

Gründel, M. (2000). *Psychotherapeutisches Haftungsrecht*. Berlin: Springer.

Hardt, J & Ochs, M. (2011). »Internettherapie« – Chancen und Gefahren – eine erste Annäherung. *Psychotherapeutenjournal, 10*(1), 28–32.

Kern, B.-R. (2010). Die Pflichten des Arztes aus Behandlungsübernahme und Behandlungsvertrag. In A. Laufs & B.-R. Kern (Hrsg.), *Handbuch des Arztrechts* (S. 647–682). München: C.H.Beck.

Laufs, A. (2010). Die ärztliche Aufklärungspflicht. In A. Laufs & B.-R. Kern (Hrsg.), *Handbuch des Arztrechts* (S. 703–755). München: C. H. Beck.
Laufs, A. & Kern, B.-R. (2010). Die vertragliche Haftpflicht des Arztes und des Krankenhausträgers. In A. Laufs, A. & B.-R. Kern (Hrsg.), *Handbuch des Arztrechts* (S. 1177–1241). München: C. H. Beck.
Steffen, E. & Pauge, B. (2010). *Arzthaftungsrecht.* Köln: RWS Verlag.
Ulsenheimer, K. (2010). Der Arzt im Strafrecht. In A. Laufs, A. & B.-R. Kern (Hrsg.), *Handbuch des Arztrechts* (S. 1569–1878). München: C. H. Beck.
Wagner, B. & Lange, A (2008). Internetbasierte Psychotherapie »Interapy«. In S. Bauer & H. Kordy (Hrsg.), *E-Mental-Health* (105–119). Heidelberg: Springer.
Wagner, B. & Maerker, A. (2011). Psychotherapie im Internet – Wirksamkeit und Anwendungsbereiche. *Psychotherapeutenjournal, 10*(1), 28–32.
Wenzel, J. (2008). Technikentwicklung, Datenschutz und Datensicherheit: Die bewusste Gestaltung medialer Versorgungsangebote. In S. Bauer & H. Kordy (Hrsg.), *E-Mental-Health* (S. 19–33). Heidelberg: Springer.

Autorinnen und Autoren

Thomas Berger, Prof. Dr. phil., Dipl.-Psych., Studium der Psychologie in Bern. Promotion und verhaltenstherapeutische Ausbildung an der Universität Freiburg i.Br. Praktische Tätigkeit an verschiedenen Institutionen. Postdoc an der Universität Genf und der Universität Linköping (Schweden). 2010 Habilitation in Bern. Seit 2013 Förderungsprofessur des Schweizerischen Nationalfonds mit Schwerpunkt internetbasierte Präventions- und Therapieansätze. Weitere Forschungsschwerpunkte sind das Training von Psychotherapeuten, neuere Ansätze in der Psychotherapie und Prozess-Outcome-Forschung.

Barbara Evangelou, Dipl.-Psych., Weiterbildung in Systemischer Therapie und Beratung (IGST Heidelberg). Leiterin des Fachdienstes »Familien-, Erziehungs- und Jugendberatung« im Evangelischen Zentrum für Beratung und Therapie am Weißen Stein in Frankfurt am Main. Seit 2005 Mitarbeiterin und Mentorin der bke-Onlineberatung.

Jürgen Hardt, Dipl.-Psych., Studium in Köln. Psychoanalytische Ausbildung in Gießen. Mitarbeit in der sozialpsychiatrischen Reformbewegung. Psychologischer Psychotherapeut, Lehranalytiker, Gruppenlehranalytiker, Supervisor und Organisationsberater. Gründungspräsident der hessischen Psychotherapeutenkammer (LPPKJP). Lehr- und Vortragstätigkeit. Publikationen zu den Themen Krankenhauspsychotherapie, Methode-Technik-Differenz, Psychoanalyse und Philosophie sowie Kulturpsychologie.

Eduard Hild, Dipl.-Psych., Hypnotherapeut (MEG), NLP-Lehrtrainer (DVNLP). Verhaltenstherapie im Max-Planck-Institut für Psychiatrie in München und im Institut für Therapieforschung (IFT) München (Brengelmann, Kanfer). Langjährige Tätigkeit in stationärer Jugendhilfe (Schwerpunkte: Suizidalität, SVV, Sucht, Delinquenz, Leistungsblockaden und -verweigerung). 2002–2014 für die bke-Onlineberatung tätig (Schwerpunkt: Suizidalität jugendlicher User).

Björn Meyer, Ph. D., M. S., B. A., Psychologischer Psychotherapeut. Studium der klinischen Psychologie und Psychotherapie-Ausbildung in den USA (1992–2000). Promotion an der University of Miami (2000). Internship und Postdoc am Western Psychiatric Institute, University of Pittsburgh. Seit 2001 Lehr- und Forschungstätigkeiten in USA und Großbritannien (u. a. Louisiana State University; Roehampton University; City University, London). 2009–2011 Wissenschaftlicher Mitarbeiter am Institut für Psychosomatische Medizin, Universitätsklinikum Hamburg-Eppendorf. Aktuelle Forschungsschwerpunkte: affektive Störungen, Internet-Interventionen. Seit 2011 Forschungsleiter bei Gaia, Hamburg; seit 2006 Honorary Research Fellow an der City University, London.

Steffen Moritz, Studium der Psychologie, Promotion und Habilitation an der Universität Hamburg. Seit 1998 Psychologe an der Klinik für Psychiatrie und Psychotherapie, Universitätsklinikum Hamburg-Eppendorf (UKE). Seit 2008 außerplanmäßige Professur am UKE (Abteilung Klinische Neuropsychologie). Forschungsinteressen: Neuropsychologische und kognitive Modelle für Zwang, Schizophrenie, Depression und Sucht; neurokognitive Nebenwirkungen konventioneller und atypischer Neuroleptika; Entwicklung von Gruppen- und Online-Trainings für psychiatrische Störungsbilder.

Ulrich A. Müller, Prof. Dr. phil., Dipl.-Sozpäd., Pädagoge M. A., arbeitet seit 2002 in eigener Praxis als analytischer Kinder- und Jugendlichenpsychotherapeut in Fulda. Seit 2006 Vorstandsmitglied der hessischen Psychotherapeutenkammer (LPPKJP), Supervisor und Kontrollanalytiker in Kassel, Erfurt und Hannover. Seit 2012 tätig als Wissenschaftlicher Leiter für den Studiengang »Therapeutische Arbeit mit Kindern und Jugendlichen« an der Hochschule Hannover, Fakultät V (in Kooperation mit dem Winnicott Institut Hannover). Arbeits- und Forschungsschwerpunkte: Wirksamkeit der Eltern-Kleinkind-Säuglingspsychotherapie; Phänomenologie der Alterität in der zwischenmenschlichen Begegnung.

Johann Rautschka-Rücker, Studium der Rechtswissenschaften in Frankfurt am Main. Verwaltungserfahrung im kommunalen Bereich. Seit 2003 Geschäftsführer und Justitiar der Psychotherapeutenkammer Hessen.

Herausgeberinnen und Herausgeber

Alfred Krieger ist Psychologischer Psychotherapeut, Kinder- und Jugendlichenpsychotherapeut sowie Psychoanalytiker in eigener Praxis in Wiesbaden. Er ist Präsident der Hessischen Psychotherapeutenkammer.

Heike Winter, Dr. rer. nat., ist Psychologische Psychotherapeutin (Fachkunde VT) in eigener Praxis in Offenbach und wissenschaftliche Geschäftsführerin des Ausbildungsprogramms Psychologische Psychotherapie an der Universität Frankfurt/Main. Sie ist Vizepräsidentin der Hessischen Psychotherapeutenkammer.

Ulrich A. Müller, Prof. Dr. phil., ist in eigener Praxis als analytischer Kinder- und Jugendlichenpsychotherapeut in Fulda niedergelassen. Er ist Supervisor und Kontrollanalytiker in Hannover, Erfurt und Kassel sowie Vorstandsmitglied der Hessischen Psychotherapeutenkammer.

Matthias Ochs, Prof. Dr. sc. hum., ist Psychologischer Psychotherapeut sowie Lehrtherapeut für Systemische Therapie und Beratung. Er lehrt das Fachgebiet »Psychologie und Beratung« im Fachbereich Sozialwesen an der Hochschule Fulda. Bis 2013 war er wissenschaftlicher Referent der Hessischen Psychotherapeutenkammer.

Wiebke Broicher, Dr. phil., ist Psychologische Psychotherapeutin (Fachkunde TP) und wissenschaftliche Mitarbeiterin des Universitätsklinikums Hamburg-Eppendorf. Seit 2014 ist sie wissenschaftliche Referentin der Hessischen Psychotherapeutenkammer.